Sur les perspectives du christianisme

Préface de Bernard Shaw à Androclès et le Lion

Bernard Shaw

Estampes classiques

Cette édition parue en 2023

ISBN : 9789359250700

Publié par
Writat
email : info@writat.com

PRÉFACE SUR LES PERSPECTIVES DU CHRISTIANISME

POURQUOI NE PAS ESSAYER LE CHRISTIANISME ?

La question semble désespérée après 2000 ans d'adhésion résolue au vieux cri : « Pas cet homme, mais Barabbas ». Pourtant, il semble que Barabbas ait été un échec, malgré sa droite forte, ses victoires, ses empires, ses millions d'argent , sa moralité, ses églises et ses constitutions politiques. « Cet homme » n'a pas encore été un échec ; car personne n'a jamais été assez sain d'esprit pour essayer sa voie. Mais il a eu un quart de triomphe. Barabbas a volé son nom et a pris sa croix comme étendard. Il y a là une sorte de compliment. Il y a même en lui une sorte de loyauté, comme celle du brigand qui enfreint toutes les lois et se prétend pourtant sujet patriotique du roi qui les fait. Nous avons toujours eu ce sentiment curieux, même si nous avons crucifié le Christ sur un bâton, il a réussi d'une manière ou d'une autre à s'emparer du bon bout du bâton, et que si nous étions de meilleurs hommes , nous pourrions essayer son plan. Il y a eu une ou deux tentatives grotesques de la part de personnes inadéquates, comme le Royaume de Dieu à Munster, qui s'est terminé par une crucifixion tellement plus atroce que celle du Calvaire que l'évêque qui avait pris le parti d'Anne est rentré chez lui et est mort. d'horreur. Mais les personnes responsables n'ont jamais fait de telles tentatives. Le monde riche, respectable et compétent s'est toujours montré antichrétien et barabbasque depuis la crucifixion ; et la doctrine spécifique de Jésus n'a pas depuis tout ce temps été mise en pratique politique ou sociale générale. Je ne suis pas plus chrétien que Pilate ou que vous, doux lecteur ; et pourtant, comme Pilate, je préfère de beaucoup Jésus à Anne et à Caïphe ; et je suis prêt à admettre qu'après avoir contemplé le monde et la nature humaine pendant près de soixante ans, je ne vois d'autre issue à la misère du monde que la voie qui aurait été trouvée par la volonté du Christ s'il avait entrepris l'œuvre d'un homme d'État moderne et pratique. . Priez, ne perdez pas patience avec moi à ce stade précoce et ne fermez pas le livre. Je vous assure que je suis un penseur aussi sceptique , scientifique et moderne que vous en trouverez ailleurs. Je vous l'accorde, j'en sais beaucoup plus sur l'économie et la politique que Jésus, et je peux faire des choses qu'il ne pouvait pas faire. Je suis, selon tous les critères de Barabbasque, une personne de bien meilleur caractère, de bien meilleure position et d'un plus grand sens pratique. Je n'ai aucune sympathie pour les vagabonds et les bavards qui tentent de réformer la société en éloignant les hommes de leur travail productif habituel et en faisant d'eux aussi des vagabonds et des bavards ; et si j'avais été Pilate, j'aurais reconnu aussi clairement que lui la nécessité de réprimer les attaques contre l'ordre social existant, aussi corrompu que cet ordre puisse être, par des gens qui n'ont aucune connaissance du gouvernement et aucun pouvoir pour construire une machine politique pour mener à bien leurs objectifs. points de vue, agissant sur la base de l'illusion très dangereuse selon laquelle la fin du monde était proche. Je ne défends pas des chrétiens comme Savonarole et Jean de Leyde : ils sabordaient le navire avant d'avoir appris à construire un radeau ; et il fallut les jeter par-dessus bord pour sauver l'équipage. Je dis cela pour me mettre en ordre avec une société respectable ; mais je dois quand même insister sur le fait que si Jésus avait pu résoudre les problèmes pratiques d'une constitution communiste, d'une obligation reconnue de lutter contre le crime sans vengeance ni châtiment, et d'une pleine prise en charge par l'humanité des responsabilités divines, il aurait conféré un bénéfice incalculable à l'humanité. l'humanité, parce que ses exigences particulières s'avèrent aujourd'hui relever du bon sens et d'une économie saine.

Je dis distinctif, parce que son humanité commune et sa soumission au temps et à l'espace (c'est-à-dire à la vie syrienne de son époque) impliquaient sa croyance en beaucoup de choses, vraies et fausses, qui ne le distinguaient en rien des autres Syriens de cette époque. . Mais de telles croyances communes ne constituent pas un christianisme spécifique, pas plus que le port de la barbe, le travail dans une menuiserie ou la croyance que la terre est plate et que les étoiles pourraient tomber du ciel dessus comme des grêlons. Le christianisme intéresse désormais les hommes d'État pratiques en raison des doctrines qui distinguaient le Christ des Juifs et des Barabbasques en général, y compris nous-mêmes.

POURQUOI JÉSUS PLUS QU'UN AUTRE ?

Je n'insinue cependant pas que ces doctrines étaient particulières au Christ. Une doctrine particulière à un seul homme ne serait qu'un engouement, à moins que sa compréhension ne dépende d'un développement des facultés humaines si rare qu'un seul homme exceptionnellement doué la possédait. Mais même dans ce cas, cela ne servirait à rien, car incapable de se propager. Le christianisme est une étape dans l'évolution morale indépendante de tout prédicateur individuel. Si Jésus n'avait jamais existé (et le fait qu'il ait jamais existé dans un autre sens que celui dans lequel existait Hamlet de Shakespeare a été vigoureusement remis en question), Tolstoï aurait tout de même pensé, enseigné et se querellé avec l'Église grecque. Leur croyance a été pratiquée de manière fragmentaire dans une large mesure, en dépit du fait que les lois de tous les pays la considèrent, en fait, comme criminelle. Beaucoup de ses partisans sont des athées militants. Mais pour une raison quelconque, l'imagination de l'humanité blanche a choisi Jésus de Nazareth comme LE Christ et lui a attribué toutes les doctrines chrétiennes ; et comme c'est la doctrine et non l'homme qui importe, et comme d'ailleurs un symbole vaut un autre pourvu que chacun y attache le même sens, je ne soulève, pour le moment, aucune question sur la mesure dans laquelle les évangiles sont originaux et dans quelle mesure ils consistent en des interpolations grecques et chinoises. Le récit selon lequel Jésus a dit certaines choses n'est pas invalidé par une démonstration selon laquelle Confucius les a dites avant lui. Ceux qui revendiquent une paternité divine littérale pour lui ne peuvent être réduits au silence par la découverte que la même affirmation a été faite pour Alexandre et Auguste. Et je ne me préoccupe pas seulement maintenant de la crédibilité des évangiles en tant que témoignages de faits ; car je n'agis pas comme un détective, mais j'oriente nos lumières modernes vers certaines idées et doctrines qui se détachent du reste parce qu'elles sont catégoriquement contraires à la pratique courante, au bon sens et à la croyance commune, et pourtant, dans le des dents d'incrédulité et de récalcitrance tenaces, produisirent une impression irrésistible que le Christ, bien que rejeté par sa postérité comme un rêveur peu pratique et exécuté par ses contemporains comme un dangereux anarchiste et un fou blasphémateur, était plus grand que ses juges.

QU'EST-CE QUE JÉSUS UN LÂCHE ?

Je sais bien que cette impression de supériorité ne se produit pas chez tout le monde, même chez ceux qui s'y déclarent extrêmement susceptibles. Si l'on met de côté l'immense masse d'adoration du Christ inculquée qui n'a aucune signification réelle parce qu'elle n'a pas d'intelligence, il y a, parmi les gens qui sont vraiment libres de penser par eux-mêmes sur le sujet, une grande aversion sincère pour Jésus et un grand mépris pour lui. son incapacité à se sauver et à vaincre ses ennemis par sa bravoure personnelle et sa ruse comme l'a fait Mahomet. J'ai entendu ce sentiment exprimé avec beaucoup plus d'impatience par des personnes élevées en Angleterre comme chrétiennes que par des mahométans , qui sont, comme leur prophète, très polis envers Jésus et lui accordent une place dans leur estime et leur vénération au moins aussi élevée que nous lui accordons. à Jean-Baptiste. Mais ce mépris du bouledogue britannique est fondé sur une conception complètement fausse des raisons pour lesquelles il se soumet volontairement à une épreuve de tourment et de mort. Le laïc moderne est souvent si déterminé à considérer Jésus comme un homme comme lui et rien de plus, qu'il glisse inconsciemment dans l'erreur de supposer que Jésus partageait ce point de vue. Mais il ressort clairement des auteurs du Nouveau Testament (les principales autorités qui croient que Jésus a jamais existé) que Jésus, au moment de sa mort, se croyait le Christ, un personnage divin. Il est donc absurde de critiquer sa conduite devant Pilate comme s'il était le colonel Roosevelt ou l'amiral von Tirpitz ou même Mahomet. Que vous acceptiez sa croyance en sa divinité aussi pleinement que Simon Pierre l'a fait, ou que vous la rejetiez comme une illusion qui l'a conduit à se soumettre à la torture et à sacrifier sa vie sans résistance dans la conviction qu'il ressusciterait bientôt dans la gloire, vous êtes également tenu admettre que, loin de se comporter comme un lâche ou un mouton, il a fait preuve d'une force physique considérable en traversant une épreuve cruelle contre laquelle il aurait pu se défendre aussi efficacement qu'il a chassé les changeurs du temple. « Doux Jésus, doux et doux » est une invention moderne et pleurnicheuse , sans aucune garantie dans les évangiles. Saint Matthieu aurait aussi vite songé à appliquer de tels adjectifs à Judas Maccabée qu'à Jésus ; et même saint Luc, qui rend Jésus poli et aimable, ne le rend pas doux. L'image de lui comme un vicaire anglais du genre comédie farfelue, trop doux pour combattre un policier, et les fesses de tout le monde, peut être utile dans la crèche pour adoucir les enfants ; mais qu'un tel personnage ait pu un jour devenir le centre de l'attention du monde est trop absurde pour en discuter ; les hommes et les femmes adultes peuvent parler gentiment d'une créature inoffensive qui exprime des sentiments aimables et qui est un nigaud impuissant lorsqu'il est appelé à les défendre ; mais ils ne le suivront pas et ne feront pas ce qu'il leur dit, parce qu'ils ne veulent pas partager sa défaite et sa disgrâce.

QU'EST-CE QUE JÉSUS UN MARTYR ?

Il est donc important que nous nous débarrassions de l'idée que Jésus est mort, comme certains ont l'habitude de le déclarer, à cause de ses opinions sociales et politiques. Il y a eu de nombreux martyrs à cause de ces opinions ; mais il n'en faisait pas partie et, comme le montrent ses paroles, il ne voyait pas plus de sens au martyre que Galilée. Il a été exécuté par les Juifs pour le blasphème de prétendre être un Dieu ; et Pilate, pour qui cela n'était qu'une simple absurdité superstitieuse, se laissa exécuter comme le moyen le moins coûteux de les faire taire, sous le prétexte formel qu'il avait commis une trahison contre Rome en prétendant qu'il était le roi des Juifs. Il n'a pas été faussement accusé, ni privé de toutes possibilités de se défendre. Les débats étaient assez simples et réguliers ; et Pilate, à qui appartenait l'appel, le favorisait et méprisait ses juges, et était évidemment assez disposé à se concilier. Mais au lieu de nier l'accusation, Jésus a récidivé. Il savait ce qu'il faisait : il s'était aliéné un grand nombre de ses propres disciples et avait déjà été lapidé dans les rues pour avoir agi ainsi. Il ne mentait pas : il croyait littéralement ce qu'il disait. L'horreur du Grand Prêtre était tout à fait naturelle : il s'agissait d'un primate confronté à un prédicateur de rue hétérodoxe proférant ce qui lui semblait un blasphème épouvantable et impudent. Le fait que le blasphème était pour Jésus une simple constatation de fait, et qu'il a depuis été accepté comme tel par toutes les nations occidentales, n'invalide pas la procédure, ni ne nous donne le droit de considérer Anne et Caïphe comme des hommes pires que l'archevêque. de Cantorbéry et le directeur d'Eton. Si Jésus avait été inculpé devant un tribunal moderne, il aurait été examiné par deux médecins ; trouvé obsédé par une illusion; déclaré incapable de plaider; et envoyé dans un asile : c'est toute la différence. Mais notez bien que lorsqu'un homme est accusé devant un tribunal moderne (pour prendre un cas qui s'est produit l'autre jour) d'avoir affirmé et soutenu qu'il était un officier revenu du front pour recevoir la Croix de Victoria des mains du Roi, Même s'il était en fait mécanicien, personne ne songe à le traiter comme un délire. Il est puni pour fausses prétentions , car son affirmation est crédible et donc trompeuse. De même, la prétention de Jésus à la divinité revenait au Souverain Sacrificateur, qui attendait avec impatience la venue d'un Messie, ce qui aurait pu être vrai, et qui aurait donc pu tromper le peuple d'une manière très dangereuse. C'est pourquoi il a traité Jésus d'imposteur et de blasphémateur là où nous aurions dû le traiter de fou.

LES ÉVANGILES SANS PRÉJUGÉS.

Tout cela deviendra clair si nous lisons les évangiles sans préjugés. Quand j'étais jeune, il était impossible de les lire sans une fantastique confusion de pensée. La confusion était si totale qu'on l'appelait l'esprit approprié pour lire la Bible. Jésus était un bébé ; et il était plus vieux que la création. C'était un homme qui pouvait être persécuté, lapidé, flagellé et tué ; et c'était un dieu immortel et tout-puissant, capable de ressusciter les morts et d'appeler des millions d'anges à son aide. C'était un péché de douter de l'une ou l'autre vision de lui : c'était un péché de raisonner à son sujet ; et à la fin, vous ne raisonniez pas sur lui et vous ne lisiez à son sujet que lorsque vous y étiez contraint. Lorsque vous entendiez lire les histoires de l'Évangile à l'église, ou que vous les appreniez auprès de peintres et de poètes, vous aviez une impression de leur contenu qui aurait étonné un Chinois qui aurait lu l'histoire sans prétention. Même les sceptiques, particulièrement sur leurs gardes, mettaient la Bible au banc des accusés et lisaient les évangiles dans le but de détecter les divergences dans les quatre récits pour montrer que les écrivains étaient aussi sujets à l'erreur que les écrivains du journal d'hier.

Tout cela a beaucoup changé en deux générations. Aujourd'hui, la Bible est si peu lue que le langage de la version autorisée devient rapidement obsolète ; de sorte que même aux États-Unis, où la vieille tradition de l'infaillibilité verbale du « livre des livres » persiste plus fortement que partout ailleurs, sauf peut-être en Ulster, des retraductions en anglais moderne ont été introduites de force pour sauver sa simple intelligibilité. Il est assez facile aujourd'hui de trouver des personnes cultivées qui n'ont jamais lu le Nouveau Testament, et à qui il est donc possible de faire l'expérience de leur demander de lire les évangiles et d'exposer ce qu'ils ont recueilli sur l'histoire, les opinions et le caractère de Christian.

LES ÉVANGILES MAINTENANT ININTELLIGIBLES POUR LES NOVICES.

Mais il ne suffit pas de lire les Évangiles avec un esprit préparé uniquement pour recevoir, par exemple, une biographie de Goethe. Vous ne pourrez pas les comprendre, et vous ne pourrez même pas, sans une lassitude impatiente, persévérer dans la tâche de les parcourir régulièrement, à moins de connaître quelque chose de l'histoire de l'imagination humaine appliquée à la religion. Il n'y a pas si longtemps, j'ai demandé à un écrivain doté d'une compétence intellectuelle remarquable s'il avait étudié les Évangiles depuis son enfance. Sa réponse fut qu'il avait récemment essayé, mais "avait trouvé tout cela tellement absurde que je ne pouvais pas y tenir". Comme je ne veux envoyer personne aux évangiles avec ce résultat, je ferais mieux de donner ici un bref exposé de la part de l'histoire de la religion qui est nécessaire pour rendre les évangiles, la conduite et le destin ultime de Jésus intelligibles et intéressants.

MONDIALITÉ DE LA MAJORITÉ.

La première erreur courante dont il faut se débarrasser est que l'humanité est composée d'une grande masse de personnes religieuses et de quelques athées excentriques. Il se compose d'une masse immense de gens du monde et d'un petit pourcentage de personnes profondément intéressées par la religion et soucieuses de leur propre âme et de celle des autres. et cette section se compose principalement de ceux qui affirment passionnément la religion établie et de ceux qui l'attaquent passionnément, les véritables philosophes étant très peu nombreux. Ainsi, vous n'aurez jamais une nation composée de millions de Wesley et d'un seul Tom Paine. Vous avez un million de M. Worldly Wisemans, un Wesley, avec sa petite congrégation, et un Tom Paine, avec sa plus petite congrégation. Les passionnément religieux sont un peuple à part ; et s'ils n'étaient pas désespérément dépassés en nombre par les mondains, ils bouleverseraient le monde, comme on reprochait à juste titre à saint Paul de vouloir le faire. Peu de gens peuvent compter parmi leurs connaissances personnelles un seul athée ou un seul frère de Plymouth. À moins qu'un tournant religieux en nous ne nous ait amenés à rechercher les petites sociétés auxquelles appartiennent ces oiseaux rares, nous passons notre vie parmi des gens qui, quels que soient leurs croyances et dans quels temples ils avouent leur respectabilité et portent leurs vêtements du dimanche, ayez une conscience robuste, et une faim et une soif, non de justice, mais de nourriture riche, de confort, de position sociale, de partenaires attrayants, d'aisance, de plaisir, de respect et de considération : en bref, d'amour et d'argent. Pour ces gens-là, une moralité en vaut une autre, à condition qu'ils y soient habitués et puissent en supporter les restrictions sans malheur ; et pour maintenir cette moralité, ils se battront, puniront et contraindront sans scrupules. Ils ne sont peut-être pas le sel de la terre, ces Philistins ; mais ils sont la substance de la civilisation ; et ils sauvent la société de la ruine causée par les criminels et les conquérants ainsi que par Savonarolas et Knipperdollings . Et comme ils savent très raisonnablement qu'un peu de religion est bonne pour les enfants et sert la moralité, gardant les pauvres de bonne humeur ou dans le respect en promettant des récompenses au ciel ou en menaçant des tourments en enfer, ils encouragent jusqu'à un certain point les gens religieux. : par exemple, si Savonarole dit seulement aux dames de Florence qu'elles doivent arracher leurs bijoux et leurs parures et les sacrifier à Dieu, elles lui offrent un chapeau de cardinal et le louent comme un saint ; mais s'il les incite à le faire, ils le brûlent comme une nuisance publique.

RELIGION DE LA MINORITÉ. LE SALUTISME.

La religion de la minorité religieuse tolérée a toujours été essentiellement la même religion : c'est pourquoi ses changements de nom et de forme ont si peu fait de différence. C'est pourquoi aussi une nation aussi civilisée que l'Angleterre peut convertir les nègres à sa foi avec une grande facilité, mais ne peut pas convertir les mahométans ou les juifs. Le nègre trouve dans le salutisme civilisé une version indiciblement plus réconfortante de son credo grossier ; mais ni les Sarrasins ni les Juifs n'y voient aucun avantage par rapport à leur propre version. Le croisé fut surpris de trouver le Sarrasin aussi religieux et moral que lui, et plutôt plus que moins civilisé. Le chrétien latin n'a rien à offrir au chrétien grec que le christianisme grec ne lui ait déjà fourni. Ils sont tous, à la base, des salutistes.

Retraçons cette religion du Salut depuis ses débuts. Tant de choses que l'on ne contrôle pas ou que l'on ne désire pas se produisent toujours : la mort, les épidémies, les tempêtes, les fléaux, les inondations, le lever et le coucher du soleil, les croissances, les récoltes et la décadence, et les deux merveilles de Kant : le ciel étoilé au-dessus de nous et la loi morale à l'intérieur. nous, que nous concluons que quelqu'un doit tout faire, ou que quelqu'un fait le bien et que quelqu'un d'autre fait le mal, ou que des armées de personnes invisibles, aux bénéfices réduits et malveillantes, le font ; c'est pourquoi vous postulez des dieux et des diables, des anges et des démons. Vous favorisez ces puissances par des présents, appelés sacrifices, et des flatteries, appelées louanges. Alors la loi morale kantienne en vous vous fait concevoir votre dieu comme un juge ; et aussitôt vous essayez de le corrompre, même avec des cadeaux et des flatteries. Cela nous semble choquant ; mais notre objection à ce sujet est tout à fait récente : il n'y a pas plus longtemps que l'époque de Shakespeare , on pensait tout à fait naturel que les justiciables fassent des présents aux juges humains ; et le rachat de la colère divine par des paiements en argent réel aux prêtres ou, dans les églises réformées qui refusent cela, par des souscriptions à des œuvres caritatives et à la construction d'églises, etc., bat toujours son plein. Son inconvénient pratique est que, même s'il rend les choses très faciles pour les riches, il coupe aux pauvres tout espoir de faveur divine. Et cela accélère à tel point la critique morale des pauvres, qu'ils trouvent bientôt la loi morale en eux révoltée contre l'idée d'acheter la divinité avec de l'or et des cadeaux, bien qu'ils soient encore tout à fait prêts à l'acheter avec le papier-monnaie de louange et de professions de repentir. En conséquence, vous constaterez que, bien qu'une religion puisse perdurer inchangée pendant de nombreux siècles dans des communautés primitives où les conditions de vie ne laissent aucune place à la pauvreté et à la richesse, le processus de propitiation des puissances surnaturelles est également à la portée du moindre des esprits. mais lorsque la civilisation commerciale arrivera et que le capitalisme divisera le peuple en quelques riches et en un grand nombre si pauvres qu'ils peuvent à peine vivre, un mouvement de réforme religieuse surgira parmi les pauvres et sera essentiellement un mouvement pour un salut bon marché ou entièrement gratuit. Pour comprendre ce que les pauvres entendent par propitiation, nous devons examiner un instant ce qu'ils entendent par justice.

LA DIFFÉRENCE ENTRE EXPIATION ET PUNITION

L'idée primitive de la justice est en partie la vengeance légalisée et en partie l'expiation par le sacrifice. Cela fonctionne des deux côtés dans l'idée que deux noirs font un blanc, et que lorsqu'un mal a été commis, il doit être payé par une souffrance équivalente. Il semble à la majorité philistine qu'il va de soi que cette souffrance compensatrice soit infligée au coupable en raison de son effet dissuasif sur les autres malfaiteurs potentiels ; mais un instant de réflexion montrera que cette application utilitaire corrompt toute la transaction. Par exemple, l'effusion du sang innocent ne peut pas être contrebalancée par l'effusion du sang coupable. Sacrifier un criminel pour apaiser Dieu pour le meurtre d'un de ses justes serviteurs, c'est comme sacrifier un mouton galeux ou un bœuf atteint de la peste bovine : cela appelle la colère divine au lieu de l'apaiser. Ce faisant, nous offrons à Dieu en sacrifice la satisfaction de notre propre vengeance et la protection de notre propre vie, sans qu'il nous en coûte rien ; et le coût pour nous-mêmes est l'essence du sacrifice et de l'expiation. Même si les Philistins ont réussi à confondre ces choses dans la pratique, elles sont distinctes et même contraires au sens salutiste. Le cousin du baronnet dans le roman de Dickens, qui, perplexe devant l'incapacité de la police à découvrir le meurtrier de l'avocat du baronnet, a déclaré : « Il vaut mieux pendre le mauvais gars que pas de gars », exprimait non seulement un sentiment très commun, mais tremblait à l'esprit. on est à la limite de l'opinion plus rare des salutistes selon laquelle il vaut bien mieux pendre le mauvais individu : qu'en fait, le mauvais individu est le bon individu à pendre.

Le point est capital, car jusqu'à ce que nous le comprenions, non seulement le christianisme historique reste inintelligible pour nous, mais ceux qui ne se soucient pas du christianisme historique peuvent être amenés à l'erreur de supposer que si nous abandonnons la vengeance et traitons les meurtriers, exactement comme Dieu a traité Caïn : c'est-à-dire les exempter du châtiment en les stigmatisant comme indignes d'être sacrifiés, et les laisser affronter le monde du mieux qu'ils peuvent avec cette marque sur eux, nous devrions nous débarrasser à la fois du châtiment et du sacrifice. sacrifier. Cela ne s'ensuivrait pas du tout : au contraire, le sentiment qu'il doit y avoir une expiation du meurtre pourrait très bien conduire à soumettre un innocent -

le plus innocent sera le mieux - à une mort cruelle pour équilibrer le compte avec la justice divine. .

LE SALUT D'ABORD UN PRIVILÈGE DE CLASSE ; ET LE RECOURS

Ainsi, même lorsque les pauvres décident que la méthode consistant à acheter le salut en offrant des béliers et des chèvres ou en apportant de l'or à l'autel est une mauvaise méthode parce qu'ils ne peuvent pas se le permettre, nous ne nous sentons toujours pas « sauvés » sans un sacrifice et une victime. En vain essaie-t-on de lui substituer des rites mystiques qui ne coûtent rien, comme la circoncision, ou, en guise de substitut, le baptême. Notre sens de la justice exige toujours une expiation, un sacrifice, une victime pour nos péchés. Et cela laisse le pauvre homme encore dans son ancienne difficulté ; car s'il lui était impossible de se procurer des béliers, des chèvres et des shekels, combien plus impossible lui est-il de trouver un voisin qui souffrirait volontairement pour ses péchés : quelqu'un qui dira joyeusement : « Vous avez commis un meurtre. Eh bien, jamais esprit : je suis prêt à être pendu à votre place ? »

Notre imagination doit venir à notre secours. Pourquoi, au lieu de nous pousser au désespoir en insistant sur une expiation séparée par un rédempteur distinct pour chaque péché, pourquoi ne pas avoir une seule grande expiation et un seul grand rédempteur à composer pour les péchés du monde une fois pour toutes ? Rien de plus simple, rien de moins cher. Le joug est doux, le fardeau est léger. Lorsque le rédempteur est trouvé (ou inventé par l'imagination), il suffit de croire à l'efficacité de la transaction, et vous êtes sauvé. Les béliers et les boucs cessent de saigner ; les autels qui demandent des dons coûteux et des sacrifices sans cesse renouvelés sont démolis ; et l'Église du seul Rédempteur et de l'unique expiation s'élève sur les ruines des vieux temples et devient une seule Église du Christ.

L'EXPIATION RÉTROSPECTIVE ET L'ATTENTE DU RÉDEMPTEUR

Mais cela n'arrive pas d'un seul coup. Entre l'ancienne religion coûteuse des riches et la nouvelle religion gratuite des pauvres s'interpose un interrègne dans lequel le Rédempteur, bien que conçu par l'imagination humaine, ne se trouve pas encore. Il est attendu et attendu sous les noms du Christ, du Messie, de Baldur le Beau, ou que sais-je encore ; mais il n'est pas encore venu. Pourtant, les pécheurs ne sont pas pour autant désespérés. Il est vrai qu'ils ne peuvent pas dire, comme nous disons : « Le Christ est venu et nous a rachetés » ; mais ils peuvent dire : « Le Christ viendra et nous rachètera », ce qui, comme l'expiation est conçue comme rétrospective, est également consolant. Il y a des périodes où les nations voient les choses avec cette attente et crient à haute voix en prophétisant le Rédempteur à travers leurs poètes. Pour ressentir cette atmosphère, il suffit de prendre la Bible et de lire Isaïe à une extrémité d'une telle période et Luc et Jean à l'autre.

ACHEVEMENT DU PROJET PAR LUTHER ET CALVIN

Nous voyons maintenant notre religion comme une évolution surannée mais tout à fait intelligible, depuis des tentatives grossières visant à favoriser les forces destructrices de la nature parmi les sauvages jusqu'à une théologie subtile avec un coûteux rituel de sacrifice possible uniquement pour les riches comme un luxe, et enfin à la religion de Luther. et Calvin. Et il faut dire que pour les formes antérieures, elles impliquaient de bien réels sacrifices. Le sacrifice n'a pas toujours été indirect, et il ne l'est pas encore universellement. En Inde, les hommes paient de leur propre peau, se torturant horriblement pour atteindre la sainteté. En Occident, les saints ont étonné le monde par leurs austérités, leurs flagellations , leurs confessions et leurs veillées. Mais Luther nous a délivrés de tout cela. Sa réforme fut un triomphe de l'imagination et un triomphe du bon marché. Il vous a apporté un salut complet et ne vous a demandé que la foi. Luther ne savait pas ce qu'il faisait au sens scientifique et sociologique que nous connaissons ; mais son instinct lui servait mieux que la connaissance n'aurait pu le faire ; car c'était l'instinct plutôt que la casuistique théologique qui le faisait s'en tenir si résolument à la Justification par la Foi comme l'atout avec lequel il devait battre le Pape, ou, comme il l'aurait dit, le signe avec lequel il devait vaincre. On peut dire qu'il a aboli les frais d'entrée au ciel. Paul avait préconisé cela ; mais Luther et Calvin l'ont fait.

JOHN MAIS D'ORGE

Il y a encore une autre page de l'histoire de la religion qui doit être escroquée et digérée avant que la carrière de Jésus puisse être pleinement comprise. ceux qui savent lire de longs livres le trouveront dans le Rameau d'Or de Frazer. Les gens plus simples le trouveront dans la chanson paysanne de John Barleycorn, désormais rendue accessible à nos amateurs de salon dans les admirables recueils de chansons folkloriques du Somersetshire de M. Cecil Sharp. Dans le magnum opus de Frazer, vous apprendrez comment la même logique primitive qui fait croire aujourd'hui à l'Anglais qu'en mangeant un steak de bœuf, il peut acquérir la force et le courage du taureau, et à maintenir cette croyance face aux défaites les plus ignominieuses des lutteurs végétariens. et les coureurs et cyclistes, ont amené les premiers hommes qui ont conçu Dieu comme capable de s'incarner à croire qu'ils pouvaient acquérir une étincelle de sa divinité en mangeant sa chair et en buvant son sang. Et grâce au chant de John Barleycorn , vous apprendrez comment le miracle de la graine, de la croissance et de la récolte, encore le plus merveilleux de tous les miracles et aussi inexplicable que jamais, a enseigné au laboureur primitif et, comme nous devons maintenant l'affirmer, , lui a appris à juste titre que Dieu est dans la semence et que Dieu est immortel. Et ainsi , c'est devenu le test de la Divinité que rien de ce que vous pourriez lui faire ne pourrait le tuer, et que lorsque vous l'auriez enterré, il ressusciterait dans une vie et une beauté renouvelées et donnerait à l'humanité la vie éternelle à condition qu'il soit mangé et bu, et encore une fois tué et enterré, pour ressusciter pour toujours et à jamais. Vous pouvez, et en effet devez, utiliser John Barleycorn « tout à fait barbare », le coupant « au genou » avec vos faux, le flagellant avec vos fléaux, l'enfouissant dans la terre ; et il ne vous résistera pas ni ne vous fera de reproches, mais ressuscitera dans une beauté dorée au milieu d'un grand éclat de soleil et de musique d'oiseaux, et vous sauvera et renouvellera votre vie. Et de l'entrelacement de ces deux traditions avec l'aspiration au Rédempteur, on obtient enfin la conviction que lorsque le Rédempteur viendra , il sera immortel ; il nous donnera son corps à manger et son sang à boire ; et il prouvera sa divinité en subissant une mort barbare sans résistance ni reproche, et ressuscitera d'entre les morts et reviendra sur terre dans la gloire en tant que donneur de la vie éternelle.

À LA RECHERCHE DE LA FIN DU MONDE

Une autre croyance persistante a assailli l'imagination de la religion depuis que la religion s'est répandue parmi les pauvres, ou plutôt depuis que la civilisation commerciale a produit une classe désespérément pauvre, privée de jouissance dans ce monde. Cette croyance est que la fin de ce monde est proche et qu'elle passera bientôt et sera remplacée par un royaume de bonheur, de justice et de félicité dans lequel les riches, les oppresseurs et les injustes n'auront aucune part. Nous connaissons tous cette attente : beaucoup d'entre nous chérissent un parent pieux qui voit dans chaque grande calamité le signe d'une fin proche. Des brochures d'avertissement circulent constamment : des publicités sont publiées dans les journaux et payées par ceux qui sont convaincus et horrifiés par l'indifférence des irréligieux face à la catastrophe imminente. Et les prédicateurs du réveil, aujourd'hui comme à l'époque de Jean-Baptiste, manquent rarement d'avertir leurs troupeaux de veiller et de prier, car le grand jour les envahira comme un voleur dans la nuit, et ne peut être différé longtemps dans un monde aussi méchant. . Cette croyance s'associe également à la seconde venue de Barleycorn ; pour que les deux événements soient enfin identifiés.

Il y a l'autre côté, plus artificiel, de cette croyance, auquel elle est une crainte inculquée. Le dirigeant qui fait appel à la perspective du ciel pour consoler les pauvres et les préserver de l'insurrection freine aussi la méchanceté en les menaçant de l'enfer. Dans le Coran, nous voyons Mahomet poussé de plus en plus à cet expédient de gouvernement ; et l'expérience confirme sa conviction évidente qu'il est impossible de gouverner sans elle dans certaines phases de la civilisation. Nous verrons plus tard qu'elle donne un attrait puissant à la croyance en un Rédempteur, puisqu'elle ajoute au remords de conscience, que les hommes endurcis supportent très légèrement, une crainte certaine des tortures hideuses et éternelles.

L'HONNEUR DE LA PARENTATION DIVINE

Une autre tradition doit être notée. L'éloge d'un roi consiste à déclarer qu'il n'est pas le fils d'un père terrestre, mais d'un dieu. Sa mère entre dans le temple d'Apollon, et Apollon vient à elle sous la forme d'un serpent, ou similaire. Les empereurs romains, à l'instar d' Auguste, revendiquèrent le titre de Dieu. Illogiquement, ces rois divins insistent beaucoup sur leurs ancêtres humains royaux. Alexandre, prétendant être le fils d'Apollon, est également déterminé à être le fils de Philippe. Dans l'état actuel des évangiles, saint Matthieu et saint Luc donnent des généalogies (les deux sont différentes) établissant la descendance de Jésus par Joseph de la maison royale de David, et pourtant déclarent que ce n'est pas Joseph mais le Saint-Esprit qui était le père de Jésus. On considère donc désormais que l'histoire du Saint-Esprit est une interpolation ultérieure empruntée à la tradition impériale grecque et romaine. Mais l'expérience montre que la foi simultanée dans la descendance de David et dans la conception par le Saint-Esprit est possible. De telles doubles croyances sont entretenues par l'esprit humain sans inquiétude ni conscience de la contradiction impliquée. De nombreux exemples pourraient être cités : un exemple familier à ma génération est celui du prétendant Tichborne , dont la tentative de se faire passer pour un baronnet était soutenue par une association de travailleurs au motif que la famille Tichborne , en résistant, essayait de priver un ouvrier de ses droits. Il est fort possible que Matthieu et Luc n'aient pas eu conscience de la contradiction : en effet, la théorie de l'interpolation ne supprime pas la difficulté, puisque les interpolateurs eux-mêmes n'en ont probablement pas eu conscience. Un meilleur motif pour soupçonner une interpolation est que saint Paul ne savait rien de la naissance divine et enseignait que Jésus est venu au monde à sa naissance en tant que fils de Joseph, mais est ressuscité des morts après trois jours en tant que fils de Dieu. Là encore, peu de gens remarquent le décalage : les trois points de vue sont acceptés simultanément sans gêne intellectuelle. Nous pouvons provisoirement admettre une demi-douzaine de versions contradictoires d'un événement si nous estimons soit que cela n'a pas beaucoup d'importance, soit qu'il existe une catégorie accessible dans laquelle les contradictions sont réconciliées.

Mais là n'est pas le sujet actuel. Tout ce qu'il faut noter ici, c'est que la légende de la naissance divine devait sûrement s'attacher tôt ou tard à des personnages très éminents de l'époque impériale romaine, et que les théologiens modernes, loin de la discréditer, ont très logiquement affirmé la conception miraculeuse non seulement de Jésus mais de sa mère.

Sans plus d'équipement scientifique que la connaissance de ces habitudes de l'imagination humaine, chacun peut désormais lire les quatre évangiles sans perplexité et sans l'incrédulité méprisante qui gâte le caractère de nombreux athées modernes, ni la crédibilité insensée qui pousse parfois les gens pieux à forcer nous de les écarter en cas d'urgence comme des fous irréalisables lorsqu'ils nous demandent d'affronter la violence et l'injustice avec une soumission stupide, croyant que l'étrange comportement de Jésus devant Pilate était censé être un exemple de conduite humaine normale. Admettons que sans les indices appropriés, les évangiles sont, pour une personne instruite moderne, absurdes et incroyables, tandis que les apôtres sont illisibles. Mais avec les indices, tout se passe assez bien. Jésus devient une personne intelligible et cohérente . Ses raisons d'aller « comme un agneau à l'abattoir » au lieu de se sauver comme le fit Mahomet deviennent tout à fait claires. Le récit devient aussi crédible que n'importe quel autre récit historique de son époque.

MATTHIEU.

L'ANNONCIATION : LE MASSACRE : LA VOL

Commençons par l'évangile de Matthieu, en gardant à l'esprit qu'il ne prétend pas être le témoignage d'un témoin oculaire. C'est une chronique fondée, comme les autres chroniques, sur les preuves et les documents dont le chroniqueur a pu se procurer. Le seul des évangélistes qui prétend donner un témoignage direct en tant que témoin oculaire prend naturellement soin de le dire ; et le fait que Matthieu ne fait pas une telle prétention et écrit tout au long en tant que chroniqueur, montre clairement qu'il raconte l'histoire de Jésus comme Holinshed a raconté l'histoire de Macbeth, sauf que, pour une raison qui sera donnée plus tard, il doit ont rassemblé son matériel et achevé son livre du vivant de personnes contemporaines de Jésus. Il faut également tenir compte du fait que l'Évangile est écrit en langue grecque, alors que les traditions de première main et les paroles réelles de Jésus doivent avoir été en araméen, le dialecte de la Palestine. Ces distinctions étaient importantes, comme vous le constaterez si vous lisez Holinshed ou Froissart puis Benvenuto Cellini. Vous ne reprochez pas à Holinshed ou à Froissart d'avoir cru et répété ce qu'ils ont lu ou entendu, même si vous ne pouvez pas toujours croire ces choses vous-même. Mais quand Cellini vous dit qu'il a vu ceci ou fait cela, et que vous ne parvenez pas à le croire, vous perdez patience avec lui et êtes disposé à douter de tout ce qui se passe dans son autobiographie. N'oubliez donc pas que Matthew est Holinshed et non Benvenuto. Les toutes premières pages de son récit mettront votre attitude à l'épreuve.

Matthieu nous raconte que la mère de Jésus était fiancée à un homme de race royale nommé Joseph, qui était assez riche pour vivre dans une maison à Bethléem où les rois pouvaient apporter des cadeaux en or sans provoquer aucun commentaire. Un ange annonce à Joseph que Jésus est le fils du Saint-Esprit, et qu'il ne doit pas l'accuser d'infidélité à cause du fait qu'elle enfante un fils dont il n'est pas le père ; mais cet épisode disparaît du récit ultérieur : il n'y a aucune trace qu'il en ait été informé à Jésus, ni aucune indication qu'il en ait eu connaissance. Le récit, en fait, se déroule à tous égards comme si l'annonciation n'en faisait pas partie.

Hérode le Tétrarque, croyant qu'un enfant est né qui le détruira, ordonne que tous les enfants mâles soient abattus ; et Jésus s'échappe par la fuite de ses parents en Egypte, d'où ils retournent à Nazareth lorsque le danger est passé. Ici, il faut anticiper un peu en disant qu'aucun des autres évangélistes n'accepte cette histoire, car aucun d'entre eux, à l'exception de Jean, qui rejette complètement Matthieu, ne partage son engouement pour traiter l'histoire et la biographie comme de simples récits de l'épanouissement des anciens Juifs. prophéties. Cet engouement l'a sans doute amené à rechercher quelque légende confirmant « J'ai appelé mon fils hors d'Egypte » d'Osée et la Rachel pleurant ses enfants de Jérémie : c'est d'ailleurs ce qu'il dit. Rien de ce qui nous intéresse aujourd'hui ne dépend de la crédibilité du massacre des innocents et de la fuite en Égypte. Nous pouvons les oublier et passer à la partie importante du récit, qui passe immédiatement à la virilité de Jésus.

JEAN LE BAPTISTE

En ce moment, un prophète salutiste nommé Jean émeut très fortement le peuple. Jean a déclaré que le rite de la circoncision est insuffisant en tant que dévouement de l'individu à Dieu et l'a remplacé par le rite du baptême. Pour nous, qui sommes naturellement habitués au baptême et pour qui la circoncision est une pratique étrangère plutôt ridicule et sans conséquence, l'effet sensationnel d'une telle hérésie sur les Juifs n'est pas apparent : cela nous semble naturel. que Jean aurait dû baptiser les gens comme que le recteur de notre village devrait le faire. Mais, comme saint Paul l'a découvert plus tard à ses dépens, l'abandon de la circoncision au profit du baptême était pour les Juifs une hérésie aussi initiale que l'abandon de la transsubstantiation dans la messe l'était pour les catholiques du XVIe siècle.

JÉSUS REJOINT LES BAPTISTES

Jésus est entré à l'âge de trente ans (dit Luc) dans la vie religieuse de son temps en allant voir Jean-Baptiste et en lui exigeant le baptême, tout comme certains jeunes gens aisés « rejoignirent les socialistes » il y a quarante ans. En ce qui concerne la communauté juive établie, il a brûlé ses bateaux par cette action et s'est coupé de la routine de la richesse, de la respectabilité et de l'orthodoxie. Il commença alors à prêcher l'évangile de Jean qui, outre l'hérésie du baptême, dont la valeur résidait dans le fait d' amener les Gentils (c'est-à-dire les incirconcis) dans le giron du salut, était un appel au peuple à se repentir de ses péchés. , car le royaume des cieux était proche. Luc ajoute qu'il prêchait aussi le communisme de la charité ; a dit aux contrôleurs des impôts de ne pas surévaluer les contribuables ; et a conseillé aux soldats de se contenter de leur salaire et de ne pas être violents ni porter de fausses accusations. Il n'y a aucune trace de John allant au-delà de cela.

LE JEAN SAUVAGE ET LE JÉSUS CIVILISÉ

Jésus est allé très vite au-delà, selon Matthieu. Bien que, comme Jean, il soit devenu un prédicateur itinérant, il s'est largement éloigné du mode de vie de Jean. Jean est allé dans le désert, non dans les synagogues ; et ses fonts baptismaux étaient le fleuve Jourdain. C'était un ascète, vêtu de peaux et vivant de sauterelles et de miel sauvage, pratiquant une austérité sauvage. Il cherCha le martyre et le rencontra aux mains d'Hérode. Jésus ne voyait aucun mérite ni dans l'ascétisme ni dans le martyre. Contrairement à John, il était essentiellement une personne hautement civilisée et cultivée. Selon Luc, il a lui-même souligné le contraste, irritant les Juifs pour se plaindre que Jean devait être possédé par le diable parce qu'il était abstinent et végétarien, tandis que, parce que Jésus n'était ni l'un ni l'autre, ils l'insultaient comme un homme glouton. et un buveur de vin, ami des fonctionnaires et de leurs maîtresses. Il a dit aux disciples coincés qu'ils auraient suffisamment de problèmes avec les autres sans rien faire pour eux-mêmes, et qu'ils devraient éviter le martyre et s'amuser tant qu'ils en avaient l'occasion. "Quand on vous persécutera dans cette ville", dit-il, "fuyez dans la suivante". Il prêche dans les synagogues et en plein air avec indifférence, au fur et à mesure qu'ils viennent. Il dit à plusieurs reprises : « Je désire la miséricorde et non le sacrifice », dans le but évidemment de se débarrasser de la superstition invétérée selon laquelle la souffrance est gratifiante pour Dieu. « Ne soyez pas tristes, comme les pharisiens », dit-il. Il est convivial, festoyant avec les fonctionnaires romains et les pécheurs. Il est insouciant de sa personne et on lui reproche de ne pas se laver les mains avant de se mettre à table. Les disciples de Jean-Baptiste, qui jeûnent et qui s'attendent à trouver les chrétiens plus ascètes qu'eux, sont déçus de constater que Jésus et ses douze amis ne jeûnent pas ; et Jésus leur dit qu'ils devraient se réjouir en lui au lieu d'être mélancoliques. Il est plaisant et leur dit qu'ils jeûneront tous autant qu'ils le souhaitent assez tôt, que cela leur plaise ou non. Il n'a pas peur de la maladie et dîne avec un lépreux. Une femme, apparemment pour le protéger contre l'infection, lui inflige une injustice coûteuse et est réprimandée parce que ce qu'elle a coûté aurait pu être donné aux pauvres. Il fait caca sur cette vision déprimante et dit, comme il l'a dit lorsqu'on lui a reproché de ne pas jeûner, que les pauvres sont toujours là pour être aidés, mais qu'il n'est pas toujours là pour être oint, ce qui sous-entend qu'il ne faut jamais perdre une chance de être heureux quand il y a tant de misère dans le monde. Il enfreint le sabbat ; s'impatiente des conventions lorsqu'elles sont inconfortables ou obstructives ; et il outrage les sentiments des Juifs en le violant. Il a tendance à accuser d'hypocrisie ceux qui ressentent cela. Comme feu Samuel Butler, il considère la maladie comme une branche du péché et, en guérissant un boiteux, il dit : « Tes péchés sont pardonnés » au lieu de « Lève-toi et marche », affirmant par la suite, lorsque les scribes lui reprochent de prendre le pouvoir de pardonner. le péché ainsi que pour guérir la maladie, que les deux reviennent au même. Il n'a pas d'affection modeste et prétend être plus grand que Salomon ou Jonas. Lorsqu'on lui reproche, comme Bunyan, de recourir à l'art de la fiction pour enseigner par paraboles, il se justifie par le fait que l'art est la seule manière d'enseigner au peuple. C'est en somme ce qu'on pourrait appeler un artiste et un bohème dans sa manière de vivre.

JÉSUS N'EST PAS UN PROSLETISTE

Un point d'une importance pratique considérable aujourd'hui est qu'il rejette expressément l'idée selon laquelle les formes de religion, une fois enracinées, peuvent être éliminées et replantées avec les fleurs d'une foi étrangère. "Si vous essayez d'arracher l'ivraie, vous arracherez aussi le blé." Nos entreprises missionnaires prosélytes sont donc carrément contraires à ses conseils ; et leurs résultats semblent confirmer son point de vue selon lequel si vous convertissez un homme élevé dans une autre croyance, vous le démoralisez inévitablement. Il agit lui-même selon ce point de vue et ne convertit pas ses disciples du judaïsme au christianisme. À ce jour, un chrétien serait en religion un juif initié par le baptême au lieu de la circoncision, et acceptant Jésus comme le Messie et ses enseignements comme d'une autorité supérieure à celle de Moïse, sans l'action des prêtres juifs qui, pour sauver Les Juifs, après avoir été submergés par le flot croissant du christianisme après la prise de Jérusalem et la destruction du Temple, ont établi ce qui était pratiquement un nouvel ordre religieux, avec de nouvelles Écritures et de nouvelles observances élaborées, et à leur liste de maudits a ajouté un Jeshu . , un magicien bâtard, dont les coquineries comiques l'ont amené à une mauvaise fin comme Punch ou Til Eulenspiegel : une invention qui leur coûte cher alors que les chrétiens ont pris le dessus sur eux politiquement. Le Juif comme Jésus, lui-même juif, le connaissait, n'a jamais rêvé de telles choses et pouvait suivre Jésus sans cesser d'être juif.

LES ENSEIGNEMENTS DE JÉSUS.

Voilà pour sa vie personnelle et son tempérament. Sa carrière publique de prédicateur populaire l'a mené bien au-delà de Jean-Baptiste. Il ne met pas l'accent sur le baptême ou les vœux, et prêche sans cesse la bonne conduite. Il préconise le communisme, l'élargissement de la famille privée avec ses liens étroits dans la grande famille de l'humanité sous la paternité de Dieu, l'abandon de la vengeance et du châtiment, la lutte contre le mal par le bien plutôt que par un mal hostile, et une conception organique. d'une société dans laquelle vous n'êtes pas un individu indépendant mais un membre de la société, votre voisin étant un autre membre, et chacun de vous étant membre l'un de l'autre, comme deux doigts sur une main, la conclusion évidente étant qu'à moins d'aimer votre prochain comme vous-même et s'il vous rend la pareille, vous en souffrirez tous les deux. Il transmet tout cela avec un charme extraordinaire et divertit ses auditeurs avec des fables (paraboles) pour les illustrer. Il n'a ni synagogue ni congrégation régulière, mais voyage de lieu en lieu avec douze hommes qu'il a rappelés de leur travail sur son passage et qui l'ont abandonné pour le suivre.

LES MIRACLES

Il possède certains pouvoirs anormaux grâce auxquels il peut accomplir des miracles. Il a honte de ces pouvoirs, mais, étant extrêmement compatissant, il ne peut refuser de les exercer lorsque des personnes affligées le supplient de les guérir, lorsque des multitudes de personnes ont faim et lorsque ses disciples sont terrifiés par les tempêtes sur les lacs. Il ne demande aucune récompense, mais supplie le peuple de ne pas mentionner ses pouvoirs. Il y a deux raisons évidentes à son aversion pour le fait d'être connu comme un faiseur de miracles. L'une est l'objection naturelle de tous les hommes qui possèdent de tels pouvoirs, mais qui ont des affaires bien plus importantes dans le monde que de les exposer, à être considérés avant tout comme des charlatans, en plus d'être harcelés pour faire des expositions pour satisfaire la curiosité. L'autre est que sa vision de l'effet des miracles sur sa mission est exactement celle que Rousseau adoptera plus tard. Il perçoit qu'ils vont le discréditer et détourner l'attention de sa doctrine en soulevant une question totalement hors de propos entre ses disciples et ses adversaires.

Il est possible que mes lecteurs n'aient pas étudié les Lettres écrites de la montagne de Rousseau, qui peuvent être considérées comme l'ouvrage classique sur les miracles comme références de la mission divine. Rousseau montre, comme Jésus l'avait prévu, que les miracles sont le principal obstacle à l'acceptation du christianisme, car leur incrédulité (s'ils n'étaient pas incroyables , ils ne seraient pas des miracles) rend sceptique quant à l'ensemble du récit, assez crédible dans l'ensemble, dans lequel ils se produisent, et se méfient de la doctrine à laquelle ils sont ainsi associés. « Débarrassez-vous des miracles, disait Rousseau, et le monde entier tombera aux pieds de Jésus-Christ. » Il souligne que les miracles présentés comme preuve de la divinité, et ne parvenant pas à convaincre, rendent la divinité ridicule. Il dit, en effet, qu'il n'y a rien à faire marcher un boiteux : des milliers de boiteux ont été guéris et ont marché sans aucun miracle. Apportez-moi un homme qui n'a qu'une jambe et faites-en pousser une autre instantanément sur lui sous mes yeux ; et je serai vraiment impressionné ; mais de simples guérisons de maladies qui ont souvent été guéries auparavant sont tout à fait inutiles comme preuve d'autre chose que le désir d'aider et le pouvoir de guérir.

Jésus, selon Matthieu, était si entièrement d'accord avec Rousseau et sentait si fortement le danger que lorsque des personnes qui n'étaient ni malades ni en difficulté venaient vers lui et lui demandaient d'exercer ses pouvoirs en signe de sa mission, il était irrité au-delà de lui. Ils refusèrent cette mesure avec une indignation qu'ils durent trouver très déraisonnable, ne voyant pas ce que voulait dire Rousseau. Être qualifié de « génération méchante et adultère » simplement pour avoir demandé à un faiseur de miracles de faire une démonstration de ses pouvoirs est plutôt une expérience de départ. Mahomet, d'ailleurs, s'énervait aussi lorsqu'on lui demandait de faire des miracles. Mais Mahomet rejetait expressément tout pouvoir inhabituel ; alors qu'il ressort clairement de l'histoire de Matthieu que Jésus (malheureusement pour lui-même, comme il le pensait) avait certains pouvoirs de guérison. Il est également évident que l'exercice de tels pouvoirs donnerait lieu à de folles histoires de prouesses magiques qui exposeraient leur héros à la condamnation comme imposteur parmi des gens dont la bonne opinion était d'une grande importance pour le mouvement déclenché par sa mission.

Mais le plus grand désagrément découlant des miracles serait le manque de pertinence du problème qu'ils soulèvent. L'enseignement de Jésus n'a rien à voir avec les miracles. Si sa mission avait été simplement de démontrer une nouvelle méthode pour restaurer la vue perdue, le miracle de la guérison des aveugles aurait été tout à fait pertinent. Mais dire : « Vous devez aimer vos ennemis ; et pour vous en convaincre, je vais maintenant guérir ce monsieur de la cataracte » aurait été, pour un homme de l'intelligence de Jésus, une proposition d'idiot. S'il pouvait être prouvé aujourd'hui qu'aucun des miracles de Jésus ne s'est réellement produit, cette preuve n'infirmerait pas un seul de ses propos didactiques ; et inversement, s'il pouvait être prouvé que non seulement les miracles se sont réellement produits, mais qu'il a accompli mille autres miracles mille fois plus merveilleux, sa doctrine n'ajouterait pas un iota de poids . Et pourtant, l'énergie intellectuelle des sceptiques et des théologiens a été gaspillée pendant des générations à débattre sur les miracles en partant du principe que le christianisme est en jeu dans la controverse quant à savoir si les histoires de Matthieu sont fausses ou vraies. Selon Matthieu lui-même, Jésus ne devait que trop bien le savoir ; car partout où il allait, il était assailli par une clameur de miracles, bien que sa doctrine créait la confusion.

Voilà pour les miracles ! Matthieu nous dit en outre que Jésus a déclaré que ses doctrines seraient attaquées par l'Église et l'État, et que la multitude commune était le sel de la terre et la lumière du monde. Ses disciples, dans leurs relations avec les organisations politiques et ecclésiastiques, seraient comme des brebis parmi les loups.

Matthieu impute la dignité à Jésus.

Matthew, comme la plupart des biographes, s'efforce d'identifier les opinions et les préjugés de son héros avec les siens. Bien qu'il décrit Jésus comme tolérant même jusqu'à l'insouciance, il trace la ligne avec les Gentils et représente Jésus comme un Juif bigot qui considère sa mission comme s'adressant exclusivement aux « brebis perdues de la maison d'Israël ». Lorsqu'une femme de Canaan supplia Jésus de guérir sa fille, il refusa d'abord de lui parler, puis lui dit brutalement : « Il n'est pas convenable de prendre le pain des enfants et de le jeter aux chiens. » Mais quand la femme dit : « Vérité, Seigneur ; pourtant les chiens mangent des miettes qui tombent de la table de leur maître », elle fit fondre le Juif et fit du Christ un chrétien. A la femme qu'il venait d'appeler chien, il dit : « Ô femme, ta foi est grande : qu'il te soit fait comme tu veux. » C'est en quelque sorte l'une des histoires les plus touchantes de l'Évangile ; peut-être parce que la femme réprimande le prophète par une touche de sa plus belle qualité. C'est certainement hors de propos ; mais comme les péchés des hommes bons sont toujours hors de propos, il n'est pas prudent de rejeter l'histoire comme étant inventée dans l'intérêt de la détermination de Matthieu selon laquelle Jésus n'aura rien à voir avec les Gentils. Quoi qu'il en soit, l'histoire est là ; et ce n'est en aucun cas le seul cas dans lequel Matthieu rapporte que Jésus, malgré le charme de sa prédication, est extrêmement impoli dans les relations privées.

LE GRAND CHANGEMENT.

Jusqu'à présent , l'histoire est celle d'un homme sain d'esprit et intéressant en dehors de ses dons particuliers d'orateur, de guérisseur et de prophète. Mais un premier changement se produit. Un jour, après que les disciples l'ont longtemps découragé par leurs incompréhensions sur sa mission et que leurs spéculations sur la question de savoir s'il est l'un des anciens prophètes reviennent, et si c'est le cas, son disciple Pierre résout soudainement le problème en s'écriant : « Tu es le Christ, le fils du Dieu vivant. » À cela, Jésus est extraordinairement heureux et excité. Il déclare que Pierre a reçu une révélation directement de Dieu. Il fait un jeu de mots sur le nom de Pierre et le déclare fondateur de son Église. Et il accepte sa destinée de dieu en annonçant qu'il sera tué lorsqu'il se rendra à Jérusalem ; car s'il est réellement le Christ, sa mort fait partie intégrante de sa destinée légendaire. Pierre, ne comprenant pas cela, lui reproche ce qui semble être une simple mélancolie lâche ; et Jésus se retourne violemment contre lui et crie : « Passe derrière moi, Satan. »

Jésus devient maintenant obsédé par la conviction de sa divinité et en parle continuellement à ses disciples, bien qu'il leur interdise d'en parler aux autres. Ils commencent à se disputer entre eux sur la position qu'ils occuperont au ciel lorsque son royaume sera établi. Il les réprimande vigoureusement pour cela et répète son enseignement selon lequel la grandeur signifie service et non domination ; mais lui-même, toujours instinctivement un peu hautain, devient maintenant arrogant, dictatorial et même injurieux, ne répondant jamais à ses critiques sans une épithète insultante, et maudissant même un figuier qui le déçoit quand il y va chercher des fruits. Il assume toutes les traditions des dieux du folklore et annonce que, comme John Barleycorn, il sera tué et enterré de manière barbare, mais qu'il ressuscitera de terre et reviendra à la vie. Il s'attache à lui-même la cérémonie tribale immémoriale de manger le dieu, en bénissant le pain et le vin et en les remettant à ses disciples avec les mots « Ceci est mon corps : ceci est mon sang ». Il oublie son propre enseignement et menace le feu éternel et le châtiment éternel. Il annonce, en plus de sa résurrection à Barleycorn, qu'il viendra au monde une seconde fois dans la gloire et établira son royaume sur terre. Il craint que cela ne conduise à l'apparition d'imposteurs prétendant être lui-même, et déclare explicitement et à plusieurs reprises que, quelles que soient les merveilles que ces imposteurs peuvent accomplir, sa propre venue sera indubitable, car les étoiles tomberont du ciel et les trompettes sonneront. par les anges. Il déclare en outre que cela aura lieu du vivant des personnes alors présentes.

JÉRUSALEM ET LE SACRIFICE MYSTIQUE.

Dans ce nouvel état d' esprit , il entre enfin à Jérusalem au milieu d'une grande curiosité populaire ; il chasse les changeurs et les vendeurs de sacrifices du temple dans une émeute ; refuse de s'intéresser aux beautés et aux merveilles du bâtiment du temple au motif qu'à l'heure actuelle, pas une pierre ne sera laissée sur une autre ; injurie les grands prêtres et les anciens en termes intolérables ; et est arrêté de nuit dans un jardin pour éviter un tumulte populaire. Il ne résiste pas, persuadé que cela fait partie de son destin de dieu d'être assassiné et de ressusciter. L'un de ses partisans montre du combat et coupe l'oreille d'un de ses ravisseurs. Jésus le réprimande, mais ne tente pas de panser la blessure, bien qu'il déclare que s'il voulait résister, il pourrait facilement appeler douze millions d'anges à son aide. Il est conduit devant le grand prêtre et remis par lui au gouverneur romain, qui est intrigué par son refus silencieux de se défendre de quelque manière que ce soit, ou de contredire ses accusateurs ou leurs témoins, Pilate n'ayant naturellement aucune idée que le prisonnier se conçoit. comme passant par un processus inévitable de tourment, de mort et d'enterrement en prélude à la résurrection. Devant le grand prêtre, il a également gardé le silence, sauf que lorsque le prêtre lui demande s'il est le Christ, le Fils de Dieu, il répond qu'ils verront tous le Fils de l'homme assis à la droite de la puissance et venant sur les nuées. du ciel. Il maintient cette attitude avec un courage effrayant tandis qu'on le flagelle, se moque de lui, le tourmente et enfin le crucifie entre deux voleurs. Son agonie prolongée de soif et de douleur sur la croix brise enfin son esprit, et il meurt avec un cri de « Mon Dieu : pourquoi m'as-tu abandonné ?

PAS CET HOMME MAIS BARABAS

Entre-temps, il a été définitivement rejeté par le peuple ainsi que par les prêtres. Pilate, le prenant en pitié et ne parvenant pas à comprendre exactement ce qu'il a fait (le blasphème qui a horrifié le grand prêtre n'émeut pas le Romain), tente de l'en tirer en rappelant au peuple qu'il a, par coutume, le droit d'avoir un prisonnier libéré à cette époque, et lui suggère de libérer Jésus. Mais ils insistent pour qu'il libère un prisonnier nommé Barabbas et que Jésus soit crucifié. Matthieu ne donne aucune idée de la popularité de Barabbas, le décrivant simplement comme « un prisonnier notable ». Les évangiles ultérieurs indiquent clairement, de manière très significative, que son délit était la sédition et l'insurrection ; qu'il était un partisan de la force physique ; et qu'il avait tué son homme. Le choix de Barabbas apparaît ainsi comme un choix populaire du militant défenseur de la force physique contre l'inrésistant défenseur de la miséricorde.

LA RÉSURRECTION.

Matthieu raconte ensuite comment, après trois jours, un ange ouvrit le caveau familial d'un certain Joseph, un homme riche d'Arimathie, qui y avait enterré Jésus, après quoi Jésus se leva et revint de Jérusalem en Galilée et reprit sa prédication avec ses disciples, leur assurant que il serait désormais avec eux jusqu'à la fin du monde. À ce moment-là, le récit s'arrête brusquement. L'histoire n'a pas de fin.

DATE DU RÉCIT DE MATTHEW.

L'un des effets de la promesse de Jésus de revenir dans la gloire du vivant de certains de ses auditeurs est de dater l'Évangile sans l'aide d'aucune érudition. Il doit avoir été écrit du vivant des contemporains de Jésus : c'est-à-dire alors qu'il était encore possible que la promesse de sa seconde venue se réalise. La mort de la dernière personne qui était en vie lorsque Jésus a dit : « Il y en a parmi ceux qui sont ici qui ne goûteront en aucune façon la mort jusqu'à ce qu'ils voient le Fils de l'homme entrer dans son royaume » a détruit la dernière possibilité de la Seconde Venue promise. , et confirma l'incrédulité de Pilate et des Juifs. Et comme Matthieu l'écrit comme quelqu'un qui croyait en cette Seconde Venue, et qui en fait a laissé son histoire inachevée pour se terminer par elle, il a dû produire son évangile au cours d'une vie après la crucifixion. Il devait donc croire que lire des livres serait l'un des plaisirs du royaume des cieux sur terre.

TYPE DE CLASSE DE JÉSUS DE MATTHIEU

Une autre circonstance doit être notée, tirée de Matthieu. Bien qu'il commence son histoire de manière à suggérer que Jésus appartenait à des classes privilégiées, il mentionne plus tard que lorsque Jésus essaya de prêcher dans son propre pays, et n'y obtint aucun succès, les gens dirent : « N'est-ce pas là la bonne solution ? le fils du charpentier ? » Mais l'attitude de Jésus est partout celle d'un aristocrate, ou à tout le moins du fils d'un riche bourgeois, et en aucun cas d'un humble esprit. Il faut donc veiller à concevoir Joseph, non pas comme un charpentier prolétaire moderne travaillant pour un salaire hebdomadaire, mais comme un maître artisan de descendance royale. Jean-Baptiste était peut-être un Keir Hardie ; mais le Jésus de Matthieu est de la classe Ruskin-Morris.

Cette caractérisation hautaine est si marquée que si nous n'avions d'autres documents concernant Jésus que l'évangile de Matthieu, nous ne ressentirions pas ce que nous ressentons à son égard. Nous aurions dû avoir beaucoup moins de courage pour dire : « Il y a ici un homme qui était sain d'esprit jusqu'à ce que Pierre le salue comme le Christ, et qui est ensuite devenu monomane. » Nous aurions dû souligner que son illusion est une illusion très courante chez les fous, et qu'une telle folie est tout à fait cohérente avec le maintien de la ruse argumentative et de la pénétration dont Jésus a fait preuve à Jérusalem après que son illusion l'ait complètement saisi. Nous serions horrifiés par les flagellations, les moqueries et la crucifixion, tout comme nous le devrions si Ruskin avait été traité de cette manière alors qu'il est également devenu fou, au lieu d'être soigné comme un invalide. Et nous n'aurions pas dû percevoir clairement la signification particulière de sa manière d'appeler le Fils de Dieu le Fils de l'homme. Nous aurions dû remarquer qu'il était communiste ; qu'il considérait une grande partie de ce que nous appelons la loi et l'ordre comme une machinerie destinée à voler les pauvres sous des formes légales ; qu'il considérait les liens domestiques comme un piège pour l'âme ; qu'il était d'accord avec le proverbe : « Plus l'Église est proche, plus on s'éloigne de Dieu » ; qu'il voyait très clairement que les maîtres de la communauté devaient être ses serviteurs et non ses oppresseurs et parasites ; et que bien qu'il ne nous ait pas dit de ne pas combattre nos ennemis, il nous a dit de les aimer, et nous a averti que ceux qui tiraient l'épée périraient par l'épée. Tout cela montre une grande capacité à voir à travers les illusions vulgaires et une capacité d'une moralité plus élevée que celle qui a encore été établie dans aucune communauté civilisée ; mais cela ne place pas Jésus au-dessus de Confucius ou de Platon, sans parler des philosophes et moralistes plus modernes.

MARQUE.

LES FEMMES DISCIPLES ET L'ASCENSION.

Voyons si nous pouvons tirer quelque chose de plus de Marc, dont l'évangile, soit dit en passant, est censé être plus ancien que celui de Matthieu. Mark est une lettre ; et il ne faut pas longtemps pour découvrir qu'il n'ajoute rien à Matthieu, sauf la fin de l'histoire par l'ascension du Christ au ciel, et la nouvelle que de nombreuses femmes étaient venues avec Jésus à Jérusalem, y compris Marie-Madeleine, dont il avait chassé sept personnes. les diables. En revanche Marc ne dit rien de la naissance de Jésus, et n'aborde pas sa carrière jusqu'à son baptême adulte par Jean. Il considère apparemment Jésus comme un natif de Nazareth, comme Jean, et non de Bethléem, comme Matthieu et Luc, Bethléem étant la ville de David, dont Jésus est dit par Matthieu et Luc qu'il descend. Il décrit la doctrine de Jean comme « le baptême de repentance pour la rémission des péchés » : c'est-à-dire une forme de salutisme. Il nous dit que Jésus est allé dans les synagogues et a enseigné, non pas comme les scribes mais comme quelqu'un ayant autorité : c'est-à-dire, nous en déduisons, qu'il prêche sa propre doctrine comme l'est un moraliste original au lieu de répéter ce que disent les livres. Il décrit le miracle de Jésus atteignant le bateau en traversant la mer, mais ne dit rien de Pierre essayant de faire de même. Mark voit ce qu'il raconte plus clairement que Matthieu et donne des touches de détail qui mettent l'événement plus clairement devant le lecteur. Il dit, par exemple, que lorsque Jésus marchait sur les vagues jusqu'au bateau, il passait par là lorsque les disciples l'appelèrent. Il semble penser que le traitement de Jésus envers la femme de Canaan nécessite des excuses, et dit donc qu'elle était une Grecque de race syrophénicienne , ce qui excusait probablement toute incivilité à son égard aux yeux de Marc. Il représente le père du garçon que Jésus a guéri de l'épilepsie après la transfiguration comme un sceptique qui dit : « Seigneur, je crois : aide-moi à mon incrédulité ». Il raconte l'histoire de l'acarien de la veuve, omise par Matthieu. Il explique que Barabbas « était lié avec ceux qui ont fait l'insurrection, des hommes qui, dans l'insurrection, avaient commis un meurtre ». Joseph d'Arimathie, qui a enterré Jésus dans son propre tombeau et qui est décrit par Matthieu comme un disciple, est décrit par Marc comme « quelqu'un qui cherchait lui-même le royaume de Dieu », ce qui suggère qu'il était un chercheur indépendant. Marc mérite notre gratitude en ne faisant aucune mention des anciennes prophéties, et ainsi non seulement il gagne du temps, mais il évite également l'implication absurde selon laquelle le Christ suivait simplement un rituel prédéterminé, comme le fonctionnement d'une horloge, au lieu de vivre. Enfin, Marc rapporte que Christ a dit, après sa résurrection, que ceux qui croient en lui seront sauvés et ceux qui ne le feront pas seront damnés ; mais il est impossible de découvrir s'il entend quelque chose par état de damnation au-delà de l'état d'erreur. Les paléographes considèrent ce passage comme ajouté par un scribe ultérieur. Dans l'ensemble, Marc laisse le lecteur moderne là où Matthieu l'a laissé.

TRAPPE.

LUC L'ARTISTE LITTÉRAIRE.

Quand nous arrivons à Luke, nous arrivons à un conteur plus récent, et avec un don naturel plus fort pour son art. Avant d'avoir lu vingt lignes de l'évangile de Luc, vous savez que vous êtes passé du chroniqueur écrivant pour enregistrer des faits importants à l'artiste racontant l'histoire pour le plaisir de la raconter. Dès le début, il réalise l'idylle la plus charmante de la Bible : l'histoire de Marie sortie de l'auberge dans l'étable et déposant son fils nouveau-né dans la crèche, et des bergers demeurant dans les champs gardant leurs troupeaux. la nuit, et comment l'ange du Seigneur vint sur eux, et la gloire du Seigneur brillait autour d'eux, et soudain il y eut avec l'ange une multitude de l'armée céleste. Ces bergers se rendent à l'étable et prennent la place des rois dans la chronique de Matthieu. Cette histoire a si complètement conquis et fasciné notre imagination que la plupart d'entre nous supposent que tous les évangiles la contiennent ; mais c'est l'histoire de Luke et la sienne seule : aucun des autres n'en a la moindre allusion.

LE CHARME DU RÉCIT DE LUC.

Luke donne le charme d'une romance sentimentale à chaque incident. L'Annonciation, telle que décrite par Matthieu, est adressée à Joseph et est simplement un avertissement pour lui de ne pas divorcer de sa femme pour mauvaise conduite. Dans l'évangile de Luc, cela est fait à Marie elle-même, de manière beaucoup plus longue, avec un sentiment d'extase de l'épouse du Saint-Esprit. Jésus est raffiné et adouci, presque méconnaissable : le disciple sévère et péremptoire de Jean-Baptiste, qui ne s'adresse jamais à un pharisien ou à un scribe sans une épithète insultante, devient une personne attentionnée, douce, sociable, presque urbaine ; et le juif chauvin devient un pro-païen qui est expulsé de la synagogue de sa propre ville pour avoir rappelé à l'assemblée que les prophètes avaient parfois préféré les païens aux juifs. En effet , ils tentent de le jeter du haut d'une sorte de rocher tarpéien qui leur sert à les exécuter ; mais il se fraye un chemin à travers eux et s'échappe : seule suggestion d'un fait d'armes de sa part dans les évangiles. Il n'y a pas un mot de la femme syrophénicienne . A la fin, il est calmement supérieur à ses souffrances ; prononce un discours en route vers l'exécution avec une composition imperturbable ; ne désespère pas sur la croix ; et meurt avec une dignité parfaite, recommandant son esprit à Dieu, après avoir prié pour le pardon de ses persécuteurs au motif qu'« ils ne savent pas ce qu'ils font ». Selon Matthieu, cela fait partie de l'amertume de sa mort que même les voleurs qui sont crucifiés avec lui l'insultent. Selon Luc, un seul d'entre eux fait cela ; et il est réprimandé par l'autre, qui supplie Jésus de se souvenir de lui lorsqu'il entrera dans son royaume. A quoi Jésus répond : « Aujourd'hui tu seras avec moi au paradis », ce qui implique qu'il y passera les trois jours de sa mort. Bref, tous les moyens sont utilisés pour se débarrasser de l'horreur impitoyable de la chronique de Matthieu, et pour soulager la tension de la Passion en touchant des épisodes et en représentant le Christ comme supérieur à la souffrance humaine. C'est le Jésus de Luc qui a gagné nos cœurs.

LA TOUCHE DE ROMANCE PARISIENNE.

Le sentiment romantique de Luke face aux désagréments et sa sentimentalité sont illustrés par sa version de la femme à la pommade. Matthieu et Marc décrivent cela comme ayant lieu dans la maison de Simon le Lépreux, où cela est considéré comme un gaspillage d'argent. Dans la version de Luc, le lépreux devient un riche pharisien ; la femme devient Dame aux Camélias ; et rien n'est dit sur l'argent et les pauvres. La femme lave les pieds de Jésus avec ses larmes et les sèche avec ses cheveux ; et on lui reproche de laisser une femme pécheresse le toucher. C'est presque une adaptation du peu romantique Matthieu sur la scène parisienne. Il y a une tentative distincte d'augmenter l'intérêt féminin partout. La légère avance donnée par Mark est reprise et développée. On en dit davantage sur la mère de Jésus et ses sentiments. La suite des femmes par le Christ, que Marc vient de mentionner pour expliquer leur présence à son tombeau, est introduite plus tôt ; et certaines des femmes sont nommées ; de sorte que nous sommes présentés à Joanna, la femme de Chuza , l'intendant d'Hérode, et à Susanna. Il y a le petit épisode domestique pittoresque entre Mary et Marthe. Il y a la parabole du fils prodigue, qui fait appel à l'indulgence romanesque dont a toujours fait preuve Charles Surface et Des Grieux . Les femmes suivent Jésus jusqu'à la croix ; et il leur fait un discours commençant par « Filles de Jérusalem ». Aussi légers que puissent paraître ces changements, ils provoquent un grand changement dans l'atmosphère. Le Christ de Matthieu n'aurait jamais pu devenir ce qu'on appelle vulgairement un héros féminin (même si la vérité est que la demande populaire de sentiment, dans la mesure où il n'est pas simplement humain, est plus viril que féminin) ; mais le Christ de Luc a rendu possibles ces tableaux qui sont maintenant accrochés dans de nombreuses chambres de dames, dans lesquels Jésus est représenté exactement comme il est représenté au cinématographe de Lourdes, par un bel acteur. La seule touche de réalisme que Luc ne supprime pas instinctivement pour produire ce genre d'agrément est le reproche adressé à Jésus de s'être mis à table sans se laver les mains ; et cela est retenu parce qu'il y tient un discours intéressant.

EN ATTENDANT LE MESSIE.

Une autre nouveauté de l'histoire de Luc est qu'elle commence dans un monde où chacun attend l'avènement du Christ. Dans Matthieu et Marc, Jésus entre dans un monde philistin normal comme le nôtre aujourd'hui. Ce n'est que lorsque le Baptiste prédit qu'un plus grand que lui viendra après lui que le vieil espoir juif d'un Messie recommence à mourir ; et comme Jésus commence comme disciple de Jean et est baptisé par lui, personne ne le relie à cette espérance jusqu'à ce que Pierre ait l'inspiration soudaine qui produit un effet si initial sur Jésus. Mais dans l'évangile de Luc, l'esprit des hommes, et particulièrement celui des femmes, sont pleins d'attentes ardentes d'un chrétien non seulement avant la naissance de Jésus, mais avant la naissance de Jean-Baptiste, l'événement par lequel Luc commence son histoire. Alors que Jésus et Jean sont encore dans le ventre de leur mère, Jean sursaute à l'approche de Jésus lorsque les deux mères se rendent visite. Lors de la circoncision de Jésus, des hommes et des femmes pieux saluent l'enfant comme le Christ.

Le Baptiste lui-même n'est pas convaincu ; car, assez tard dans la carrière de son ancien disciple, il envoie deux jeunes hommes demander à Jésus s'il est vraiment le Christ. Ceci est remarquable parce que Jésus leur donne immédiatement une démonstration délibérée de miracles, et leur demande de raconter à Jean ce qu'ils ont vu et de lui demander ce qu'il en pense maintenant : ceci est en totale contradiction avec ce que j'ai appelé la vision Rousseau des miracles telle que déduite de Matthieu. Luc montre toute l'insouciance d'un romancier à l'égard des miracles ; il les considère comme des « signes » : c'est-à-dire comme des preuves de la divinité de celui qui les exécute, et non comme de simples pouvoirs thaumaturgiques. Il se délecte des miracles comme il se délecte des paraboles : elles font des histoires si capitales. Il ne peut pas permettre que Pierre, Jacques et Jean soient appelés à quitter leurs bateaux sans un découvert miraculeux et comique de poissons, le filet coulant les bateaux et poussant Pierre à s'exclamer : « Éloigne-toi de moi, car je suis un homme pécheur, ô Seigneur", ce qui devrait probablement être traduit par "Je ne veux plus de tes miracles : la pêche naturelle suffit à mes bateaux."

Il y a quelques autres nouveautés dans la version de Luke. Pilate envoie Jésus chez Hérode, qui se trouve à ce moment-là à Jérusalem, parce qu'Hérode avait manifesté une certaine curiosité à son sujet ; mais il n'en résulte rien : le prisonnier ne veut pas lui parler. Lorsque Jésus est mal reçu dans un village samaritain, Jacques et Jean proposent de faire descendre le feu du ciel et de le détruire ; et Jésus répond qu'il n'est pas venu pour détruire des vies mais pour les sauver. Le parti pris de Jésus contre les avocats est souligné, et sa résolution n'admet pas non plus qu'il soit plus lié à ses proches qu'aux étrangers. Il snobe une femme qui bénit sa mère. Comme cela est contraire aux traditions du roman sentimental, Luc l'aurait probablement évité s'il n'avait pas été persuadé que la fraternité de l'homme et la paternité de Dieu sont supérieures même aux considérations sentimentales. L'histoire du docteur de la loi demandant quels sont les deux commandements principaux est modifiée si Jésus pose la question au docteur de la loi au lieu d'y répondre.

Quant à la doctrine, Luc n'est clair que lorsque ses sentiments sont touchés. Sa logique est faible ; car certaines paroles de Jésus sont mal reconstituées, comme le découvrira immédiatement quiconque les a lues dans le bon ordre et dans le bon contexte dans Matthieu. Il ne fait rien de nouveau à la mission du Christ et, comme les autres évangélistes, pense que l'essentiel est que Jésus était le Christ tant attendu et qu'il reviendra bientôt sur terre et établira son royaume, après avoir dûment mourut et ressuscita au bout de trois jours. Pourtant, Luc non seulement rapporte l'enseignement sur le communisme et l'abandon de la haine, qui n'ont bien sûr rien à voir avec la Seconde Venue, mais il cite une parole très remarquable qui n'est pas compatible avec cela, à savoir que les gens ne doivent pas allez partout en demandant où est le royaume des cieux et en disant « Voici, ici ! et "Lo, là!" parce que le royaume des cieux est en eux. Mais Luc n'a pas l'impression que cela appartient à un ordre de pensée tout à fait différent de son christianisme, et il conserve intacte sa vision du royaume comme une localité aussi définie que Jérusalem ou Madagascar.

JOHN.

UNE NOUVELLE HISTOIRE ET UN NOUVEAU PERSONNAGE.

L'évangile de Jean est une surprise après les autres. Matthieu, Marc et Luc décrivent les mêmes événements dans le même ordre (les variations chez Luc sont négligeables), et leurs évangiles sont donc appelés évangiles synoptiques. Ils racontent sensiblement la même histoire d'un prédicateur itinérant qui, à la fin de sa vie, arriva à Jérusalem. Jean décrit un prédicateur qui a passé pratiquement toute sa vie adulte dans la capitale, avec des visites occasionnelles en province. Son récit circonstanciel de la vocation de Pierre et des fils de Zébédée est tout à fait différent des autres ; et il ne dit rien sur le fait d'être pêcheurs. Il dit expressément que Jésus, bien que baptisé par Jean, ne pratiquait pas lui-même le baptême, et que ses disciples le faisaient. L'appel angoissant du Christ contre sa perte dans le jardin de Gethsémani devient une suggestion de sang-froid faite dans le temple à une époque bien antérieure. Jésus argumente bien davantage ; se plaint beaucoup du caractère déraisonnable et de l'aversion avec laquelle il est accueilli ; n'est en aucun cas silencieux devant Caïphe et Pilate ; met beaucoup plus d'accent sur sa résurrection et sur la consommation de son corps (perdant en conséquence tous ses disciples sauf les douze) ; dit beaucoup de choses apparemment contradictoires et absurdes dont aucun lecteur ordinaire ne peut désormais trouver la moindre idée ; et donne l'impression d'un mystique instruit, pour ne pas dire sophistiqué, différent à la fois par son caractère et sa scolarité du simple et franc prédicateur de Matthieu et Marc, et du charmeur urbain et facile d'esprit de Luc. En effet, les Juifs disent de lui : « Comment cet homme connaît -il les lettres, n'ayant jamais appris ?

JEAN LE TÉMOIN OCULAIRE IMMORTEL.

John, en outre, prétend être non seulement un chroniqueur mais aussi un témoin. Il déclare qu'il est « le disciple que Jésus aimait », et qu'il s'est effectivement appuyé sur le sein de Jésus lors du dernier repas et a demandé à voix basse lequel d'entre eux devait le trahir. Jésus murmura qu'il donnerait une gorgée au traître et en tendit une à Judas, qui la mangea et devint immédiatement possédé par le diable. C'est plus naturel que les autres récits, dans lesquels Jésus désigne ouvertement Judas sans susciter aucune protestation ni susciter aucun commentaire. Cela implique également que Jésus a délibérément ensorcelé Judas afin de provoquer sa propre trahison. Plus tard , Jean affirme que Jésus a dit à Pierre : « Si je veux que Jean attende jusqu'à ce que je vienne, qu'est-ce que cela t'importe ? » ; et Jean, avec une modestie moqueuse assez évidente, ajoute qu'il ne doit pas prétendre être immortel, comme l'ont conclu les disciples ; car Christ n'a pas utilisé cette expression, mais a simplement fait remarquer : « Si je veux, qu'il attende jusqu'à ce que je vienne ». Aucun autre évangéliste ne revendique une intimité personnelle avec le Christ, ni même ne prétend être son contemporain (il n'y a aucune raison d'identifier Matthieu le publicain avec Matthieu l'évangéliste) ; et Jean est le seul évangéliste dont le récit de la carrière et du caractère du Christ est irrémédiablement irréconciliable avec celui de Matthieu. Il est d'ailleurs presque aussi mauvais que Matthieu, dans ses explications répétées des actions du Christ comme n'ayant d'autre but que d'accomplir les vieilles prophéties. L'impression est plus désagréable, car, comme Jean, contrairement à Matthieu, est instruit, subtil et obsédé par les mystifications intellectuelles artificielles, la découverte qu'il est stupide ou superficiel dans une affaire aussi simple frappe de méfiance et d'aversion, malgré lui. grand charme littéraire, dont un bon exemple est sa transfiguration du dur épisode de la femme syrophénicienne en l'agréable histoire de la femme de Samarie. C'est peut-être la raison pour laquelle sa prétention d'être Jean le disciple, ou d'être un contemporain du Christ ou même de n'importe quel survivant de la génération du Christ, a été contestée et finalement, semble-t-il, rejetée. Mais je le répète, je ne prends pas note ici des disputes des experts quant à la date des évangiles, non pas parce que je ne les connais pas, mais parce que, comme les premiers codex sont des manuscrits grecs du quatrième siècle après JC, et les manuscrits syriens les unes sont des traductions du grec, l'expert en paléographie n'a aucune difficulté à arriver à la conclusion qui convient à ses croyances ou à ses incrédulités ; et il ne parvient jamais à convaincre les autres experts, sauf lorsqu'ils croient ou ne croient pas exactement comme lui. Par conséquent , je conclus que les dates des récits originaux ne peuvent être déterminées et que nous devons tirer le meilleur parti des récits des évangélistes eux-mêmes. Il y a, comme nous l'avons vu, une différence très marquée entre eux, ne laissant aucun doute sur le fait qu'il s'agit de quatre auteurs d'une diversité très marquée ; mais ils se terminent tous par une attitude d'attente de la Seconde Venue qu'ils s'accordent en déclarant que Jésus a promis positivement et sans équivoque du vivant de ses contemporains. Tout croyant compilant un évangile après le décès du dernier de ces contemporains, soit rejetterait et omettrait la tradition de cette promesse au motif que, puisqu'elle ne s'est pas accomplie et ne pourrait jamais l'être maintenant, elle n'aurait pas pu être faite, ou bien d'autres ont dû avouer aux Juifs, qui étaient les plus fervents critiques des chrétiens, que Jésus était soit un imposteur, soit la victime d'une illusion. Or, tous les évangélistes, à l'exception de Matthieu, se déclarent expressément croyants ; et le récit de Matthieu n'est évidemment pas celui d'un sceptique. Je suppose donc, par simple bon sens, que, interpolations mises à part, les évangiles sont dérivés de récits écrits au premier siècle après J.-C. J'inclus Jean, car même si l'on peut prétendre qu'il a couvert sa position en prétendant que le Christ, qui l'aimait particulièrement , l'a doté d'une vie miraculeuse jusqu'à la Seconde Venue, la conclusion étant que Jean est vivant à ce moment, je ne peux pas croire qu'un faussaire littéraire puisse espérer sauver la situation par une prétention aussi outrancière. Ainsi, le récit de Jean est, dans de nombreux passages, plus proche des réalités de la vie publique que la simple chronique de Matthieu ou la romance sentimentale de Luc. C'est peut-être parce que John était manifestement plus un homme du monde que les autres et savait, comme les simples chroniqueurs et romanciers ne le savent jamais, ce qui se passe réellement loin des livres et des bureaux. Mais c'est peut-être aussi parce qu'il a vu et entendu ce qui s'est passé au lieu de rassembler des traditions à ce sujet. Les paléographes et les datateurs des premières citations peuvent dire ce qu'ils veulent : la prétention de John de témoigner en tant que témoin oculaire alors que les autres ne font que compiler l'histoire est soutenue par une certaine vraisemblance qui me plaît en tant que personne ayant prêché une nouvelle doctrine et argumentée à son sujet. , ainsi que des histoires écrites. Cette vraisemblance peut être un art dramatique soutenu par une connaissance de la vie publique ; mais même là, il ne faut pas oublier que le meilleur art dramatique est l'opération d'un instinct divinatoire de vérité. Quoi qu'il en soit, Jean n'était certainement pas l'homme à croire à la Seconde Venue et pourtant à donner une date après cette date. Il n'y a vraiment aucun moyen d'échapper à la conclusion que les originaux de tous les évangiles datent de la période au cours de laquelle il existait encore une possibilité que la Seconde Venue ait lieu au moment promis.

LA THÉOLOGIE PARTICULIÈRE DE JÉSUS.

Malgré les soupçons suscités par les particularités de Jean, son récit est d'une importance capitale pour ceux qui se tournent vers les Évangiles pour une religion moderne crédible. Car c'est Jean qui ajoute aux autres annales des paroles telles que : « Moi et mon père sommes un » ; que « Dieu est un esprit » ; que le but de Jésus n'est pas seulement que les gens aient la vie, mais qu'ils l'aient "plus abondamment" (une distinction très nécessaire pour ceux qui pensent qu'un homme est soit vivant, soit mort, et ne considèrent jamais la question importante de savoir dans quelle mesure il est vivant); et que les hommes devraient garder à l'esprit ce qui leur a été dit dans le 82e Psaume : qu'ils sont des dieux et qu'ils sont responsables de l'accomplissement de la miséricorde et de la justice de Dieu. Les Juifs le lapidèrent pour avoir dit ces choses, et, lorsqu'il leur reprocha d'avoir bêtement lapidé quelqu'un qui ne leur avait fait que de bonnes œuvres, ils répondirent : « Ce n'est pas pour une bonne œuvre que nous te lapidons, mais pour un blasphème, parce que toi, étant un homme se fait Dieu. Il insiste (en se référant au psaume 82) que si cela fait partie de leur propre religion qu'ils soient des dieux avec l'assurance de Dieu lui-même, cela ne peut pas être un blasphème pour celui que le Père a sanctifié et envoyé dans le monde, de dire « Je je suis le fils de Dieu. » Mais ils n'auront pas cela à n'importe quel prix ; et il doit échapper à leur fureur. Ici, le point est obscurci par la distinction faite par Jésus entre lui-même et les autres hommes. Il dit en effet : « Si vous êtes des dieux, alors, a fortiori, je suis un dieu ». Jean lui fait dire cela, tout comme il lui fait dire : « Je suis la lumière du monde ». Mais Matthieu lui fait dire au peuple : « Vous êtes la lumière du monde ». Jean n'a aucune idée de la signification de ces restes qu'il a ramassés : il est bien plus intéressé par sa propre idée selon laquelle les hommes peuvent échapper à la mort et faire des choses encore plus extraordinaires que le Christ lui-même : en fait, il représente Jésus comme le promettant explicitement, et est finalement amené à laisser entendre audacieusement que lui, John, est lui-même immortel dans la chair. Pourtant, il ne manque pas du tout les paroles importantes. Cependant, même s'ils peuvent être incompatibles avec la doctrine qu'il défend consciemment, ils font appel à un instinct sous-intellectuel en lui qui le pousse à les coller, comme un enfant colle des étoiles de guirlandes sur la robe d'un ange en jouet.

Jean ne mentionne pas l'ascension ; et la fin de son récit laisse le Christ ressuscité et apparaissant de temps en temps parmi ses disciples. C'est à une de ces occasions que Jean décrit la pêche miraculeuse que Luc place à l'autre bout de la carrière du Christ, à l'appel des fils de Zébédée.

JEAN EST D'ACCORD QUANT AU PROCÈS ET À LA CRUCIFIXION.

Bien que Jean, suivant son habitude de montrer l'habileté de Jésus en tant que débatteur, lui fasse jouer un rôle moins passif lors de son procès, il en donne néanmoins sensiblement le même récit que tous les autres. Et la question qui viendrait à l'esprit de tout lecteur moderne ne lui vient jamais à l'esprit, pas plus qu'à Matthieu, Marc ou Luc. Cette question est la suivante : pourquoi diable Jésus ne s'est-il pas défendu et n'a-t-il pas obligé le peuple à le délivrer du Souverain Sacrificateur ? Il était si populaire qu'on ne put l'empêcher de chasser les changeurs du temple, ni de l'arrêter pour cela. Lorsqu'ils l'ont arrêté par la suite, ils ont dû le faire la nuit dans un jardin. Il aurait pu discuter avec eux comme il l'avait souvent fait dans le temple, et se justifier tant devant la loi juive que devant César. Et il disposait de la force physique pour étayer ses arguments : il suffisait d'un discours pour rallier ses partisans ; et il n'était pas bâillonné. La réponse des évangélistes aurait été que toutes ces enquêtes sont vaines, car si Jésus avait voulu s'échapper, il aurait pu s'épargner tous ces ennuis en faisant ce que Jean le décrit comme faisant : c'est-à-dire jeter ses ravisseurs à terre en un exercice de son pouvoir miraculeux. Si vous aviez demandé à Jean pourquoi il les avait laissés se relever, le tourmenter et l'exécuter, Jean aurait répondu que cela faisait partie de la destinée de Dieu d'être tué, enterré et ressuscité, et que d'avoir évité cette destinée aurait été pour répudier sa Divinité. Et c'est la seule explication apparente. Que vous croyiez avec les évangélistes que le Christ aurait pu se sauver par un miracle, ou que, en tant que laïc moderne, vous souligniez qu'il aurait pu se défendre efficacement, il n'en demeure pas moins que, selon tous les récits, il ne l'a pas fait. Il devait mourir comme un dieu, et non pour se sauver « comme l'un des princes ». *

*Jésus lui-même avait fait référence à ce psaume (LXXII) dans lequel

des hommes qui ont jugé injustement et accepté les personnes des

méchants (y compris par anticipation pratiquement tous les blancs

habitants des îles britanniques et de l'Amérique du Nord

continent, pour ne citer aucun autre endroit) sont condamnés dans le

mots : « J'ai dit : vous êtes des dieux, et vous êtes tous des enfants ».

du Très-Haut ; mais vous mourrez comme des hommes et tomberez comme

un des princes. »*

Le consensus sur ce point est important car il prouve la sincérité absolue de la déclaration de Jésus selon laquelle il était un dieu. Aucun imposteur n'aurait accepté des conséquences aussi terribles sans un effort pour se sauver. Aucun imposteur n'aurait été nerveux à l'idée de les endurer avec la conviction qu'il sortirait de la tombe et revivrait au bout de trois jours. Si nous acceptons l'histoire, nous devons le croire, et croire également que sa promesse de revenir dans la gloire et d'établir son royaume sur terre du vivant des hommes alors vivants, était une promesse qu'il croyait pouvoir, et effectivement devoir accomplir. . Deux évangélistes déclarent que dans sa dernière agonie, il désespéra et reprocha à Dieu de l'avoir abandonné. Les deux autres le représentent mourant dans une conviction et une charité inébranlables avec la simple remarque que l'épreuve était terminée. Mais tous les quatre témoignent que sa foi n'a pas été trompée et qu'il est effectivement ressuscité au bout de trois jours. Et je pense qu'il est déraisonnable de douter que tous les quatre ont écrit leurs récits avec la pleine foi que l'autre promesse s'accomplirait également et qu'ils pourraient eux-mêmes vivre pour être témoins de la Seconde Venue.

CRÉDIBILITÉ DES ÉVANGILES.

Les lecteurs les plus âgés de mes lecteurs, qui seront certainement plus ou moins obsédés par les querelles plus anciennes quant à la crédibilité des évangiles en tant que récits concrets, remarqueront que j'ai à peine soulevé cette question et que j'ai accepté l'idée. crédible et incroyable avec une égale complaisance. Je l'ai fait parce que la crédibilité est une condition subjective, comme le montre clairement l'évolution des croyances religieuses. La croyance ne dépend pas des preuves et de la raison. Il existe autant de preuves que les miracles se sont produits que de la bataille de Waterloo ou du passage d'un important corps de troupes russes par l'Angleterre en 1914 pour prendre part à la guerre sur le front occidental. Les raisons de croire au meurtre de Pompée sont les mêmes que celles de croire à la résurrection de Lazare. Les deux ont été crus et mis en doute par des hommes d'égale intelligence. Les miracles, au sens de phénomènes que nous ne pouvons expliquer, nous entourent de toutes parts ; la vie elle-même est le miracle des miracles. Des miracles, au sens d'événements qui perturbent le cours normal de notre expérience, sont garantis chaque jour : l'Église florissante du Christ Scientist est fondée sur une multitude de tels miracles. Personne ne croit à tous les miracles : tout le monde en croit certains. Je ne peux pas dire pourquoi des hommes qui ne croient pas que Jésus ait jamais existé croient fermement que Shakespeare était Bacon. Je ne comprends pas pourquoi les gens qui croient que des anges sont apparus et ont combattu à nos côtés à la bataille de Mons, et qui croient que des miracles se produisent assez fréquemment à Lourdes, s'étonnent pourtant du miracle de la liquéfaction du sang de saint Janvier et rejettent c'est une astuce de prêtre. Je ne peux pas dire pourquoi les gens qui ne veulent pas croire l'histoire de Matthieu, où trois rois apportent des cadeaux coûteux au berceau de Jésus, croient l'histoire des bergers et de l'étable de Luc. Je ne peux pas comprendre pourquoi les gens, élevés dans la croyance littérale de la Bible en tant que récit et révélation infaillibles, et rejetant ce point de vue par la suite, commencent par rejeter l'Ancien Testament et abandonnent la croyance en un enfer de soufre avant de s'abandonner. (si jamais ils le font) la croyance en un paradis de harpes, de couronnes et de trônes. Je ne peux pas comprendre pourquoi des gens qui refusent de croire au baptême sous quelque forme que ce soit croient à la vaccination avec le fanatisme cruel des inquisiteurs. Je suis convaincu que si une douzaine de sceptiques dressaient dans des colonnes parallèles une liste des événements relatés dans les évangiles qu'ils considèrent respectivement comme crédibles et incroyables, leurs listes seraient différentes sur plusieurs points. La croyance est littéralement une question de goût.

MODES DE CROYANCE.

Aujourd'hui, les questions de goût sont aussi pour la plupart des questions de mode. Nous sommes conscients d'une différence entre les modes de croyance médiévales et les modes modernes. Par exemple, bien que nous soyons plus crédules que les hommes du Moyen Âge et que nous recevions des foules de devins, de magiciens, de faiseurs de miracles, d'agents de communication avec les morts, de découvreurs de l'élixir de vie, de transmutateurs de métaux et de guérisseurs de tous comme le Moyen Âge n'en avait jamais rêvé, mais nous ne prendrons pas nos miracles sous la forme qui a convaincu le Moyen Âge. Les nombres arithmétiques ont séduit le Moyen Âge tout comme nous, parce qu'ils sont difficiles à comprendre et parce que les plus grands maîtres des nombres, les Newton et les Leibnitz , comptent parmi les plus grands hommes. Mais il y a aussi des modes en nombre. Le Moyen Âge s'est pris d'affection pour un nombre familier comme sept ; et parce que c'était un nombre impair, et que le monde a été créé en sept jours, et qu'il y a sept étoiles dans Charles's Wain, et pour une douzaine d'autres raisons, ils étaient prêts à croire tout ce qui contenait un sept ou sept fois sept . . Sept péchés capitaux, sept épées de douleur dans le cœur de la Vierge, sept champions de la chrétienté, semblaient des choses évidentes et raisonnables auxquelles il fallait croire simplement parce qu'ils étaient sept. Pour nous, au contraire, le chiffre sept est le cachet de la superstition. Nous ne croirons en rien de moins qu'en millions. Un médecin médiéval a gagné la confiance de son patient en lui disant que ses organes vitaux étaient dévorés par sept vers. Un tel diagnostic ruinerait un médecin moderne. Le médecin moderne dit à son patient qu'il est malade parce que chaque goutte de son sang grouille d'un million de microbes ; et le patient le croit abjectement et instantanément. Si un évêque avait dit à Guillaume le Conquérant que le soleil était à soixante-dix-sept milles de la terre, Guillaume l'aurait cru non seulement par respect pour l'Église, mais parce qu'il aurait estimé que soixante-dix-sept milles était la bonne distance. Le Kaiser, qui en savait aussi peu que le Conquérant, enverrait cet évêque dans un asile. Pourtant, il (je présume) accepte sans hésitation l'estimation de quatre-vingt-douze millions et neuf dixièmes de millions de milles, ou quel que soit le dernier chiffre important.

CRÉDIBILITÉ ET VÉRITÉ.

Et ici, je dois vous rappeler que notre crédibilité ne se mesure pas à la vérité des choses que nous croyons. Quand les hommes croyaient que la terre était plate, ils n'étaient pas crédules : ils faisaient appel à leur bon sens et, si on leur demandait de prouver que la terre était plate, ils auraient répondu simplement : « Regardez-la ». Ceux qui refusent de croire qu'elle soit ronde font preuve d'un scepticisme salutaire . L'homme moderne qui croit que la

Terre est ronde est tout à fait crédible. Les hommes de la Terre Plate le rendent furieux en le réfutant avec la plus grande facilité lorsqu'il tente d'argumenter à ce sujet. Confrontez-le à une théorie selon laquelle la Terre est cylindrique, ou annulaire, ou en forme de sablier, et il est perdu. Ce qu'il croit est peut-être vrai, mais ce n'est pas pour cela qu'il y croit : il le croit parce que, d'une manière mystérieuse, cela fait appel à son imagination. Si vous lui demandez pourquoi il croit que le Soleil se trouve à environ quatre-vingt-dix millions de kilomètres de nous, soit il devra avouer qu'il ne le sait pas, soit il dira que Newton l'a prouvé. Mais il n'a pas lu le traité dans lequel Newton l'a prouvé, et ne sait même pas qu'il a été écrit en latin. Si vous insistez sur un protestant d'Ulster pour lui expliquer pourquoi il considère Newton comme une autorité infaillible, et saint Thomas d'Aquin ou le pape comme des menteurs superstitieux qu'après sa mort, il aura le plaisir de surveiller depuis sa place au ciel pendant qu'ils rôtissent dans flamme éternelle, ou si vous me demandez pourquoi je prends sérieusement en considération les estimations du colonel Sir Almroth Wright sur le nombre de streptocoques contenus dans un volume donné de sérum alors que je ne peux que rire des estimations antérieures du nombre d'anges pouvant être hébergés sur la pointe d'une aiguille, aucune réponse raisonnable n'est possible, sauf que d'une manière ou d'une autre, les sept et les anges sont passés de mode, et que les milliards et les streptocoques font fureur. Je ne peux tout simplement pas vous dire pourquoi Bacon, Montaigne et Cervantes avaient un mode de crédulité et d'incrédulité tout à fait différent de celui du Vénérable Bede et Piers Laboureur et des divins docteurs de l'école d'Aquin-Aristote, qui n'étaient certainement pas plus stupides et avaient les mêmes faits . avant eux. Je peux encore moins expliquer pourquoi, si nous supposons que ces leaders de pensée avaient tous raisonné leurs croyances, leur autorité semblait concluante à une génération et blasphématoire à une autre, aucune des deux générations n'ayant suivi le raisonnement ou n'étant entrée dans les faits en la matière pour elle-même. du tout.

Il est donc vain de commencer à débattre avec le lecteur sur ce qu'il doit croire aux évangiles et ce qu'il doit ne pas croire. Il croira ce qu'il peut et ne croira pas ce qu'il doit. S'il trace des lignes, elles seront tout à fait arbitraires. Saint Jean nous dit que lorsque Jésus réclama explicitement les honneurs divins par le sacrement de son corps et de son sang, tant de ses disciples le quittèrent que leur nombre fut réduit à douze. Beaucoup de lecteurs modernes ne tiendront pas si longtemps : ils céderont au premier miracle. D'autres veulent faire de la discrimination. Ils accepteront les miracles de guérison et rejetteront l'alimentation de la multitude. Pour certains, la marche sur l'eau sera une exagération légendaire d'une baignade, se terminant par un sauvetage ordinaire de Pierre ; et la résurrection de Lazare ne sera qu'une glorification similaire d'un exploit banal de respiration artificielle, tandis que d'autres s'en moqueront comme d'une imposture planifiée dans laquelle

Lazare a agi en complice. Entre le rejet des histoires considérées comme totalement fabuleuses et leur acceptation comme les évangélistes eux-mêmes voulaient qu'elles soient acceptées, il y aura de nombreuses nuances de croyance et d'incrédulité, de sympathie et de dérision. Il ne s'agit pas d'être chrétien ou non. Un Arabe mahométan acceptera littéralement et sans aucun doute les parties du récit qu'un archevêque anglais doit rejeter ou expliquer ; et de nombreux théosophes et amoureux de la sagesse de l'Inde, qui n'entrent jamais dans une église chrétienne sauf en tant que touristes, se délecteront de parties de l'évangile de Jean qui ne signifient rien pour un pieux fabricant de Bradford. Chaque lecteur tire de la Bible ce qu'il peut obtenir. En soumettant un résumé des récits évangéliques , je n'ai impliqué aucune évaluation ni de leur crédibilité ni de leur vérité. Je l'ai simplement informé ou rappelé, selon le cas, de ce que ces récits nous disent de leur héros.

L'ICONOLATRIE CHRÉTIENNE ET LES PÉRILS DE L'ICONOCLASTE.

Je dois maintenant abandonner cette attitude et attirer sérieusement l'attention du lecteur en abordant la question de savoir si, si et quand la volonté de croire médiévale et méthodiste du côté salutiste et miraculeux des récits évangéliques nous échoue, comme elle l'a clairement fait. Si les dirigeants de la pensée moderne ont échoué, il restera quelque chose de la mission de Jésus : que ce soit, en bref, que nous ne puissions pas jeter les évangiles à la corbeille à papier, ou les ranger sur les étagères de fiction de nos bibliothèques. J'ose répondre que nous serons au contraire dans la situation de l'homme de l'énigme de Bunyan qui trouvait que « plus il jetait, plus il avait ». culte iconographique du Christ. J'entends par là littéralement le culte qui est rendu aux images et aux statues de lui, ainsi qu'aux histoires achevées et inaltérables à son sujet. Le test de la prévalence de cela est que si vous parlez ou écrivez de Jésus comme d'une personne réelle et vivante, ou même comme d'un Dieu toujours actif, ces fidèles sont plus horrifiés que ne l'était Don Juan lorsque la statue descendit de son piédestal et vint souper. avec lui. Vous pouvez nier la divinité de Jésus ; vous pouvez douter qu'il ait jamais existé ; vous pouvez rejeter le christianisme pour le judaïsme, le mahométisme , le shintoïsme ou le culte du feu ; et les iconolâtres, placidement méprisants, ne vous classeront que comme libre penseur ou païen. Mais si vous vous demandez à quoi aurait ressemblé le Christ s'il s'était rasé et s'il s'était fait couper les cheveux, ou quelle pointure il avait pris dans ses chaussures, ou s'il a juré en se tenant debout sur un clou dans l'atelier du menuisier, ou s'il ne pouvait pas boutonner sa robe quand il était pressé, ou s'il se moquait des réparties avec lesquelles il déconcertait les prêtres lorsqu'ils essayaient de le piéger dans la sédition et le blasphème, ou même si vous racontiez une partie de son histoire dans les termes vifs de l'argot familier moderne, vous produirez parmi les iconolâtres un désarroi et une horreur extraordinaires. Vous aurez fait sortir le tableau de son cadre, la statue descendre de son piédestal, l'histoire devenir réelle, avec toutes les conséquences incalculables qui peuvent découler de ce miracle terrifiant. C'est à ces moments-là que l'on se rend compte que les iconolâtres n'ont jamais conçu le Christ comme une personne réelle qui pensait ce qu'il disait comme un fait, comme une force comme l'électricité, n'ayant besoin que de l'invention d'une machine politique appropriée pour être appliquée à les affaires de l'humanité avec un effet révolutionnaire.

donc pas l'incrédulité qui est dangereuse dans notre société : c'est une croyance. Dès l'instant où vous réalisez (comme cela peut être n'importe quel jour) que le Christ n'est pas l'image inoffensive et sans vie qu'il a été jusqu'à présent pour vous, mais un centre de ralliement pour les influences révolutionnaires que combattent tous les États et Églises établis, vous devez regarder vers vous-mêmes ; car tu as donné vie à l'image ; et la foule ne pourra peut-être pas supporter cette horreur.

L'ALTERNATIVE AUX BARRABAS.

Mais il faut affronter les foules si l'on veut sauver la civilisation. Il n'était pas nécessaire que la guerre actuelle montre que ni le Christ iconographique ni le Christ de saint Paul n'ont réussi à opérer le salut de la société humaine. Au moment où j'écris, on dit que les Turcs massacrent les chrétiens arméniens à une échelle sans précédent ; mais l'Europe n'est pas en mesure de protester ; car ses chrétiens s'entre-tuent par tous les moyens que la civilisation a mis à leur portée, aussi occupés qu'ils tuent les Turcs. Barabbas triomphe partout ; et le dernier usage qu'il fait de son triomphe est de nous conduire tous au suicide avec des gestes héroïques et des mensonges retentissants. Maintenant, ceux qui, comme moi, voient l'organisation sociale de Barabbasque comme un échec, et sont convaincus que la Force de Vie (ou peu importe comment vous choisissez de l'appeler) ne peut être finalement vaincue par aucun échec, et supplantera même l'humanité en faisant évoluer une espèce supérieure. si nous ne pouvons pas maîtriser les problèmes posés par la multiplication de nos propres nombres, nous avons toujours su que Jésus avait un vrai message et avons ressenti la fascination de son caractère et de sa doctrine. Non pas que nous devrions aujourd'hui songer à lui attribuer une quelconque autorité surnaturelle, et encore moins l'autorité technique qui s'attache à un philosophe et à un juriste moderne et instruit. Mais quand, après nous être entièrement débarrassés du christianisme salutiste et avoir même contracté un préjugé contre Jésus en raison de son lien involontaire avec lui, nous nous engageons dans une étude purement scientifique de l'économie, de la criminologie et de la biologie, et constatons que nos conclusions pratiques sont fausses. Virtuellement ceux de Jésus, nous sommes nettement heureux et encouragés de constater que nous lui faisions une injustice, et que le nimbe qui entoure sa tête dans les images pourra être interprété un jour comme une lumière de la science plutôt que comme une déclaration de sentiment ou une étiquette d'idolâtrie.

Les doctrines dans lesquelles Jésus est ainsi confirmé sont, en gros, les suivantes :

1. Le royaume des cieux est en vous. Tu es le fils de Dieu ; et Dieu est le fils de l'homme. Dieu est un esprit qui doit être adoré en esprit et en vérité, et non un vieil homme à qui on peut soudoyer et mendier. Nous sommes membres les uns des autres ; afin que vous ne puissiez blesser ou aider votre prochain sans vous blesser ou vous aider. Dieu est votre père : vous êtes ici pour faire l'œuvre de Dieu ; et toi et ton père ne faites qu'un.

2. Débarrassez-vous des biens en les jetant dans le capital social. Dissociez entièrement votre travail des paiements en argent. Si vous laissez un enfant mourir, vous laissez Dieu mourir. Débarrassez-vous de toute anxiété concernant le dîner et les vêtements du lendemain, car vous ne pouvez pas servir deux maîtres : Dieu et Mammon.

S. Débarrassez-vous des juges, des punitions et de la vengeance. Aimez votre prochain comme vous-même, il devient une partie de vous-même. Et aimez vos ennemis : ce sont vos voisins.

4. Débarrassez-vous de vos enchevêtrements familiaux. Chaque mère que vous rencontrez est autant votre mère que la femme qui vous a donné naissance. Chaque homme que vous rencontrez est autant votre frère que l'homme qu'elle a enfanté après vous. Ne perdez pas votre temps lors des funérailles familiales à pleurer vos proches : veillez à la vie et non à la mort : il y a dans la mer d'aussi bons poissons qu'il n'en est jamais sorti, et de meilleurs. Dans le royaume des cieux qui, comme nous l'avons dit, est en vous, il n'y a ni mariage ni don en mariage, car vous ne pouvez pas consacrer votre vie à deux divinités : Dieu et la personne avec qui vous êtes marié.

Or, ce sont des propositions très intéressantes ; et ils deviennent chaque jour plus intéressants, à mesure que l'expérience et la science nous poussent de plus en plus à les considérer favorablement. En les examinant, nous perdrons notre temps si nous ne leur donnons pas une interprétation raisonnable. Nous devons supposer que l'homme qui s'est frayé un chemin à travers tant de passions et d'illusions populaires qui nous empêchent de comprendre la valeur d'un tel enseignement était tout à fait conscient de toutes les objections qui se présentent à un agent de change moyen au cours des cinq premières minutes. . Il est vrai que le monde est gouverné dans une large mesure par les considérations qui viennent à l'esprit des courtiers au cours des cinq premières minutes ; mais comme le résultat est que le monde est si mal gouverné que ceux qui connaissent la vérité peuvent difficilement supporter d'y vivre, une objection de la part d'un agent de change moyen constitue en soi un argument prima facie en faveur de toute réforme sociale.

LA RÉDUCTION À LA PRATIQUE MODERNE DU CHRISTIANISME.

Nous devons néanmoins réduire les conseils et propositions éthiques de Jésus à la pratique moderne si nous voulons qu'ils nous soient utiles. Si nous demandons à notre agent de change d'agir simplement comme Jésus conseillait à ses disciples d'agir, il nous répondra très justement : « Vous me conseillez de devenir un vagabond ». Si nous exhortons un homme riche à vendre tout ce qu'il possède et à le donner aux pauvres, il nous dira qu'une telle opération est impossible. S'il vend ses actions et ses terres, leur acquéreur poursuivra toutes ces activités qui oppriment les pauvres. Si tous les hommes riches suivent les conseils simultanément, les actions tomberont à zéro et les terres seront invendables. Si un homme vend tout et jette l'argent dans les bidonvilles, le seul résultat sera de s'ajouter lui-même et les personnes à sa charge à la liste des pauvres, et de ne faire aucun bien aux pauvres, sinon de donner la chance à quelques-uns d'entre eux de s'enivrer. Nous devons donc garder à l'esprit que, alors qu'au temps de Jésus et dans les époques qui devinrent de plus en plus sombres après sa mort jusqu'à ce que les ténèbres, après une brève fausse aube de la Réforme et de la Renaissance, culminèrent dans la nuit commerciale du Au XIXe siècle, on croyait qu'on ne pouvait pas rendre les hommes bons par une loi du Parlement, nous savons maintenant qu'on ne peut pas les rendre bons autrement, et qu'un homme qui est meilleur que ses semblables est une nuisance. L'homme riche doit se vendre non seulement lui-même mais toute sa classe ; et cela ne peut se faire que par l'intermédiaire du Chancelier de l'Échiquier. Le disciple ne peut pas avoir son pain sans argent tant qu'il n'y a pas de pain pour tous sans argent ; et cela nécessite une organisation municipale élaborée de l'approvisionnement alimentaire, tarif soutenu. Être membres les uns des autres signifie un homme, une voix, une femme, une voix, le suffrage universel, l'égalité des revenus et toutes sortes de mesures politiques modernes. Même en Syrie, à l'époque de Jésus, ses enseignements n'auraient pas pu être réalisés par une série d'explosions indépendantes de justice personnelle de la part de différentes unités de la population. Jérusalem n'aurait pas pu faire ce que même une communauté villageoise ne peut pas faire, et ce que Robinson Crusoé lui-même n'aurait pas pu faire si sa conscience et la contrainte sévère de la Nature n'avaient pas imposé une règle commune à la demi-douzaine de Robinson Crusoé qui luttaient en lui pour satisfactions pas tout à fait compatibles. Et ce qui ne peut pas être fait à Jérusalem ou à Juan Fernandez ne peut pas être fait à Londres, à New York, à Paris et à Berlin. En bref, le christianisme, bon ou mauvais, bon ou mauvais, doit nécessairement être laissé de côté dans les affaires humaines jusqu'à ce qu'il leur soit rendu pratiquement applicable par des dispositifs politiques compliqués ; et prétendre qu'un prédicateur de terrain sous la direction de Ponce Pilate, ou même Ponce Pilate lui-même en conseil avec toute la sagesse de Rome, aurait pu élaborer des applications du christianisme ou de tout autre système moral pour le XXe siècle, c'est mettre de côté le ce sujet bien plus efficacement que Néron et tous ses autres persécuteurs n'ont jamais réussi à le faire. La justice personnelle, et l'idée selon laquelle on ne peut pas rendre les gens moraux par une loi du Parlement, est, en fait, le recours défensif préféré des gens qui, consciemment ou inconsciemment, sont tout à fait déterminés à ne pas voir leurs biens se mêler de Jésus ou de tout autre. réformateur.

COMMUNISME MODERNE.

Voyons maintenant ce que l'expérience et la sociologie modernes ont à dire sur l'enseignement de Jésus tel que résumé ici. Tout d'abord, débarrassez-vous de vos biens en les plaçant dans le capital social. On peut entendre les Pharisiens de Jérusalem, de Chorazin et de Bethsaïda dire : « Mon bon ami, si tu devais partager aujourd'hui également les richesses de la Judée, avant la fin de l'année, tu aurais des riches et des pauvres, de la pauvreté et de la richesse, tout comme vous l'avez aujourd'hui ; car il y aura toujours des oisifs et des industriels, des économes et des gaspilleurs, des ivrognes et des sobres ; et, comme vous l'avez très justement observé vous-même, nous aurons toujours des pauvres avec nous. » Et nous pouvons entendre la réponse : « Malheur à vous, menteurs et hypocrites ! car vous avez aujourd'hui même partagé vous-mêmes les richesses du pays, comme il faut le faire chaque jour (car l'homme ne vit que de la main à la bouche , ni les poissons et les œufs peuvent-ils durer éternellement); et vous l'avez divisé injustement ; aussi vous avez dit que le reproche que je vous faisais d'avoir toujours les pauvres avec vous était pour vous une loi pour que ce mal persiste et pue dans les narines de Dieu pour toute l'éternité ; c'est pourquoi je pense que Lazare vous verra encore à côté de Dives en enfer. " Le capitalisme moderne n'a fait qu'une bouchée des arguments primitifs en faveur des inégalités. Les pharisiens eux-mêmes ont organisé le communisme dans le capital. Les actions communes sont à l'ordre du jour. Une tentative de retour aux propriétés individuelles comme base de notre production briserait la civilisation plus complètement que dix révolutions. Aujourd'hui, on ne peut pas cultiver les champs tant que l'agriculteur n'est pas devenu coopérateur. Conduisez l' actionnaire à son chemin de fer et demandez-lui de vous montrer telle longueur de rail, tel siège dans le wagon, tel levier dans la locomotive qui est le sien et celui de personne d'autre ; et il vous traitera de fou, avec beaucoup de sagesse. Et si, comme Ananias et Saphira, vous essayez de retenir votre petite boutique ou autre du capital social, représenté par le Trust, ou Combine, ou Kartel, le Trust va bientôt vous geler et vous enchaîner et finalement vous frapper . mort industriellement aussi complètement que saint Pierre lui-même. Il n'y a plus de question pratique ouverte quant au communisme dans la production : la lutte porte aujourd'hui sur la répartition du produit, c'est-à-dire sur le partage quotidien qui est la première nécessité de la société organisée.

REDISTRIBUTION.

Aujourd'hui, il n'est plus besoin de Christ pour convaincre qui que ce soit que notre système de distribution est totalement et monstrueusement erroné. Nous avons des bébés valant un million de dollars côte à côte avec des pauvres épuisés par une longue vie de corvées incessantes. Une personne sur cinq meurt dans un hospice, un hôpital public ou une maison de fous. Dans des villes comme Londres, la proportion est presque d'un sur deux. Naturellement, une distribution aussi scandaleuse doit être effectuée par la violence pure et simple. Si vous hésitez, vous êtes vendu. Si vous résistez à la vente, vous êtes matraqué et emprisonné, ce processus étant appelé par euphémisme le maintien de l'ordre public. L'iniquité ne peut aller plus loin. A l'heure actuelle, personne qui connaît les chiffres de la distribution ne les défend. Le conservateur britannique le plus fanatique hésite à dire que son roi devrait être beaucoup plus pauvre que M. Rockefeller, ou à proclamer la supériorité morale de la prostitution sur le travail à l'aiguille sous prétexte qu'elle est mieux rémunérée. La nécessité d'une redistribution radicale des revenus dans tous les pays civilisés est désormais aussi évidente et aussi généralement admise que la nécessité de l'assainissement.

DOIT CELUI QUI FAIT, PROPRE.

C'est lorsqu'on aborde la question des proportions dans lesquelles on va redistribuer que la controverse commence. Nous sommes déconcertés par l'idée absurdement peu pratique selon laquelle le revenu d'un homme devrait lui être attribué, non pas pour lui permettre de vivre, mais comme une sorte de prix de l'école du dimanche pour sa bonne conduite. Et cette folie est compliquée par une croyance moins ridicule mais tout aussi peu pratique selon laquelle il est possible d'attribuer à chaque personne la part exacte du revenu national qu'elle a produite. Pour un enfant, il semble que le forgeron a fabriqué un fer à cheval et que, par conséquent, le fer à cheval lui appartient. Mais le forgeron sait que le fer à cheval n'appartient pas seulement à lui, mais à son propriétaire, au percepteur et au percepteur , aux hommes à qui il a acheté le fer, l'enclume et le charbon, ne laissant qu'un morceau de sa valeur. pour lui-même; et il doit échanger ces débris avec le boucher, le boulanger et le drapier contre les choses qu'il s'approprie réellement comme tissus vivants ou comme emballages, en les payant tous plus que leur coût ; car ses confrères commerçants ont aussi leurs propriétaires et leurs prêteurs à satisfaire. Si donc des exemples villageois aussi simples et directs d'apparente production individuelle s'avèrent, après un instant d'examen, être le produit d'une organisation sociale élaborée, que dire de produits tels que les dreadnoughts, les épingles et aiguilles fabriquées en usine et l'acier ? des stylos? Si Dieu prend le cuirassé dans une main et un stylo en acier dans l'autre, et demande à Job qui les a fabriqués et à qui ils devraient appartenir en vertu du droit du fabricant, Job devra se gratter la tête perplexe avec un tesson de poterie et rester muet, à moins que cela ne frappe. lui que Dieu est le créateur ultime et que tout ce que nous avons le droit de faire avec le produit est de nourrir ses agneaux.

TEMPS DE LABO.

Le droit du fabricant comme alternative au conseil de Jésus ne fonctionnerait donc pas. En pratique, rien n'était possible dans cette direction, sinon de payer un travailleur au temps de travail à hauteur d'une heure, d'un jour, d'une semaine ou d'un an. Mais combien? Lorsque cette question a été posée, la seule réponse était « aussi peu qu'il peut être affamé », avec les résultats ridicules déjà mentionnés, et l'anomalie supplémentaire selon laquelle la plus grande part est allée aux gens qui ne travaillaient pas du tout, et le du moins à ceux qui ont travaillé le plus dur. En Angleterre, les neuf dixièmes de la richesse vont dans les poches d'un dixième de la population.

LE RÊVE DE DISTRIBUTION SELON LE MÉRITE.

A cela s'opposent les théoriciens de l'École du Dimanche qui protestent : "Pourquoi ne pas distribuer selon le mérite ?" Ici, on imagine Jésus, dont le sourire s'est élargi au fil des âges alors que les tentatives successives d'échapper à son enseignement ont conduit à un désastre de plus en plus profond, riant carrément. A-t-on déjà évoqué un projet aussi idiot que l'estimation de la virtualité dans l'argent ? La London School of Economics doit, nous devons le supposer, préparer des épreuves d'examen avec des questions telles que : « En prenant la valeur monétaire des vertus de Jésus à 100 et celle de Judas Iscariot à zéro, en donnant les chiffres corrects, respectivement, pour Ponce Pilate. , le propriétaire du porc Gadarene, la veuve qui a mis son acarien dans le box des pauvres, M. Horatio Bottomley, Shakespear , M. Jack Johnson, Sir Isaac Newton, Palestrina, Offenbach, Sir Thomas Lipton, M. Paul Cinquevalli , le vôtre le médecin de famille, Florence Nightingale, Mme Siddons, votre femme de ménage, l'archevêque de Cantorbéry et le bourreau commun. Ou "Le regretté M. Barney Barnato recevait comme revenu légal trois mille fois plus d'argent qu'un ouvrier agricole anglais de bonne moralité. Nommez les principales vertus dans lesquelles M. Barnato surpassait de trois mille fois le travailleur; et donnez en chiffres la perte Soutenu par la civilisation de l'époque, M. Barnato a été poussé au désespoir et au suicide par la réduction de son multiple à mille. L'idée de l'école du dimanche, avec son principe « à chacun le revenu qu'il mérite », est vraiment trop stupide pour être discutée. Hamlet s'en est débarrassé il y a trois cents ans. "Utilisez chacun après ses mérites, et qui échappera au fouet?" Jésus reste décroché en tant qu'homme pratique ; et nous sommes exposés comme des imbéciles, des maladroits, des visionnaires peu pratiques. Dès l'instant où vous essayez de réduire l'idée de l'École du Dimanche à des chiffres, vous constatez que cela vous ramène au projet désespéré de payer le temps d'un homme ; et votre copie d'examen dira "Le temps de Jésus ne valait rien (il se plaignait que les renards avaient des trous et les oiseaux du ciel nidifiaient alors qu'il n'avait pas d'endroit où reposer sa tête). Le temps du Dr Crippen valait, disons, trois cent cinquante livres par an. Critiquez cet arrangement et, si vous contestez sa justice, indiquez en livres, dollars, francs et marks, quel aurait dû être leur salaire relatif au temps. Votre réponse sera peut-être que la question est de très mauvais goût et que vous refuserez d'y répondre. Mais vous ne pouvez pas vous opposer à ce qu'on vous demande combien de minutes du temps d'un bookmaker valent deux heures de celui d'un astronome ?

DISTRIBUTION VITALE.

Au final, vous êtes obligé de poser la question que vous auriez dû poser au début. Pourquoi donne-t-on un revenu à un homme ? Evidemment pour le maintenir en vie. Puisqu'il est évident que la première condition à laquelle il peut être maintenu en vie sans asservir quelqu'un d'autre est qu'il produise un équivalent de ce qu'il en coûte pour le maintenir en vie, nous pouvons tout à fait rationnellement le contraindre à s'abstenir de tourner au ralenti par tous les moyens que nous employons. pour le contraindre à s'abstenir de tout meurtre, incendie criminel, contrefaçon ou tout autre crime. La seule chose suprêmement stupide à faire avec lui est de ne rien faire ; c'est-à-dire être aussi oisif, paresseux et sans cœur dans ses relations avec lui qu'il l'est avec nous. Même si nous lui fournissions du travail au lieu de baser, comme nous le faisons, tout notre système industriel sur des vagues successives de surmenage concurrentiel et leurs creux de chômage qui s'ensuivent, nous devrions quand même lui refuser sévèrement la possibilité de ne pas le faire ; car le résultat doit être qu'il deviendra pauvre et rendra pauvres ses enfants s'il en a ; et les pauvres sont des cancers dans le Commonwealth, qui coûtent bien plus cher que s'ils étaient grassement retraités et considérés comme incurables. Jésus avait plus de bon sens que de proposer quoi que ce soit de pareil. Il dit en effet à ses disciples : « Faites votre travail par amour ; et laissez les autres vous loger, vous nourrir et vous habiller par amour. » Ou, comme nous devrions le dire aujourd'hui, « pour rien ». Toute l'expérience humaine et toutes les aspirations humaines naturelles et non commercialisées indiquent que c'est là la bonne voie. Les Grecs disaient : "Assurez-vous d'abord un revenu indépendant, puis pratiquez la vertu." Nous aspirons tous à un revenu indépendant. Nous savons tous aussi bien que Jésus que si nous devons réfléchir pour le lendemain à savoir s'il y aura quelque chose à manger ou à boire, il nous sera impossible de penser à des choses plus nobles ou de vivre une vie plus élevée que celle d'un homme. taupe, dont la vie est du début à la fin une quête frénétique de nourriture. Tant que la communauté ne sera pas organisée de telle manière que la peur du besoin physique soit oubliée aussi complètement que la peur des loups l'est déjà dans les capitales civilisées, nous n'aurons jamais une vie sociale décente. En fait, tout l'attrait de nos arrangements actuels réside dans le fait qu'ils soulagent effectivement une poignée d'entre nous de cette peur ; mais comme le soulagement est effectué stupidement et méchamment en faisant de la poignée favorisée de parasites le reste, ils sont frappés par la dégénérescence qui semble être la pénalité biologique inévitable d'un parasitisme complet et d'une culture et d'un gouvernement corrompus, au lieu d'y contribuer, leur les loisirs excessifs sont aussi nuisibles que le labeur excessif des ouvriers. Quoi qu'il en soit, la morale est claire. Les deux problèmes principaux de la société organisée, comment assurer la subsistance de tous ses membres, et comment empêcher le vol de cette subsistance par les oisifs, devraient être entièrement dissociés ; et l'échec pratique de l'un d'eux à atteindre automatiquement l'autre est reconnu et mis en œuvre. Nous ne possédons peut-être pas tous le pouvoir psychologique de Jésus de voir, sans aucun éclairage provenant de phénomènes économiques plus modernes, qu'ils doivent échouer ; mais nous sommes confrontés à la dure réalité : ils échouent. Les seuls qui s'accrochent à l'illusion paresseuse selon laquelle il est possible de trouver une répartition juste qui fonctionnera automatiquement sont ceux qui postulent un changement révolutionnaire comme la nationalisation des terres, qui en soi ne ferait évidemment que rendre encore plus urgent le problème de la répartition des terres. produit de la terre parmi tous les individus de la communauté.

RÉPARTITION ÉGALE.

Lorsque ce problème sera enfin posé, la question de la proportion dans laquelle le revenu national sera distribué ne pourra avoir qu'une seule réponse. Toutes nos parts doivent être égales. Cela a toujours été comme ça ; ce sera toujours comme ça. Il est vrai que les revenus des voleurs varient considérablement d'un individu à l'autre ; et la variation se reflète dans les revenus de leurs parasites. La commercialisation de certains talents exceptionnels a également produit des revenus exceptionnels, directs et dérivés. Les personnes qui vivent de la rente de terres et de capitaux appartiennent économiquement, mais pas légalement, à la catégorie des voleurs et ont des revenus grotesquement différents. Mais dans l'immense masse de l'humanité, la variation des revenus d'un individu à l'autre est inconnue, parce que cela est ridiculement impraticable. Pour persuader un charpentier qu'un juge est une créature de nature supérieure à lui-même, qu'il faut différer et soumettre même à la mort, nous pouvons donner à un charpentier cent livres par an et à un juge cinq mille livres sterling ; mais le salaire d'un charpentier est le salaire de tous les charpentiers : le salaire d'un juge est le salaire de tous les juges.

LE CAPITAINE ET LE GARÇON DE CABINE.

Rien n'est donc réellement en cause, ni ne l'a jamais été, si ce n'est les différences entre les revenus des classes. Il existe déjà une égalité économique entre les capitaines et une égalité économique entre les mousses. La question reste de savoir s'il doit y avoir une égalité économique entre les capitaines et les mousses. Qu'aurait dit Jésus ? Vraisemblablement, il aurait dit que si votre seul objectif est de produire un capitaine et un garçon de cabine dans le but de vous transférer de Liverpool à New York, ou de manœuvrer une flotte et de transporter de la poudre du chargeur au canon, alors vous devez donner pas plus d'un shilling au garçon de cabine pour chaque livre que vous donnez au capitaine ayant reçu la formation la plus coûteuse. Mais si en plus vous désirez permettre aux deux âmes humaines qui sont inséparables du capitaine et du mousse, et qui seules les différencient du moteur à âne, de développer toutes leurs possibilités, alors vous pourriez trouver le mousse coûtant plutôt cher. plus que celui du capitaine, car le travail du mousse ne fait pas autant pour l'âme que celui du capitaine. Par conséquent, vous devrez lui donner au moins autant qu'au capitaine, à moins que vous ne souhaitiez absolument qu'il soit une créature inférieure, auquel cas le plus tôt vous serez pendu, car l'avortement sera le mieux. C'est l'argument fondamental.

LES OBJECTIONS POLITIQUES ET BIOLOGIQUES À L'INÉGALITÉ.

Mais il existe d'autres raisons de s'opposer à la stratification des revenus en classe, qui se sont accumulées depuis l'époque de Jésus. En politique, il bat toute forme de gouvernement, à l'exception de celui d'une oligarchie nécessairement corrompue. La démocratie dans les républiques modernes les plus démocratiques : la France et les États-Unis par exemple, est une imposture et une illusion. Il réduit la justice et le droit à une farce : le droit devient simplement un instrument destiné à maintenir les pauvres dans la soumission ; et les ouvriers accusés sont jugés, non par un jury composé de leurs pairs, mais par les conspirations de leurs exploiteurs. La presse est la presse des riches et la malédiction des pauvres : il devient dangereux d'apprendre à lire aux hommes. Le prêtre devient le simple complément du policier dans la machinerie par laquelle la maison de campagne opprime le village. Pire encore, le mariage devient une affaire de classe : la variété infinie de choix que la nature offre aux jeunes en quête d'un conjoint se réduit à une poignée de personnes ayant des revenus similaires ; et la beauté et la santé deviennent des rêves d'artistes et des publicités de charlatans au lieu de conditions de vie normales. La société est non seulement divisée, mais en réalité détruite dans toutes les directions par l'inégalité des revenus entre les classes : une telle stabilité est due aux immenses blocs de personnes entre lesquels existe l'égalité des revenus.

JÉSUS COMME ÉCONOMISTE.

Il semble donc que nous devons commencer par considérer le droit au revenu comme sacré et égal, tout comme nous commençons maintenant par considérer le droit à la vie comme sacré et égal. En fait, l'un des droits n'est qu'une réaffirmation de l'autre. Me pendre pour avoir tranché la gorge d'un docker après avoir fait grand cas de moi pour l'avoir laissé mourir alors que je n'ai pas de navire à décharger est idiot ; car comme il fait beaucoup moins de mal avec la gorge tranchée que lorsqu'il meurt de faim, une société rationnelle estimerait l'égorgeur plus hautement que le capitaliste. La chose est devenue si évidente, et le mal si insupportable, que si notre tentative de civilisation ne veut pas périr comme toutes les précédentes, nous devrons organiser notre société de manière à pouvoir dire à chacun : le pays : « Ne pensez pas à dire : Que mangerons-nous ? ou Que boirons-nous ? ou De quoi serons-nous vêtus ? Nous n'aurons alors plus une race d'hommes dont le cœur est dans leurs poches, dans leurs coffres-forts et chez leurs banquiers. Comme Jésus l'a dit, là où est ton trésor, là sera aussi ton cœur. C'est pourquoi il recommandait que l'argent cesse d'être un trésor et que nous prenions des mesures pour nous en rendre complètement imprudents, libérant ainsi notre esprit pour des usages plus élevés. En d'autres termes, que nous devrions tous être des gentlemen et prendre soin de notre pays parce que notre pays prend soin de nous, au lieu des idiots commercialisés que nous sommes, faisant tout et n'importe quoi pour de l'argent et vendant nos âmes et nos corps au prix fort. pouce après avoir perdu la moitié de la journée à marchander le prix. Décidément, que vous pensiez ou non que Jésus était Dieu, vous devez admettre qu'il était un économiste politique de premier ordre.

JÉSUS COMME BIOLOGISTE.

Il était aussi, comme on le voit aujourd'hui, un biologiste de premier ordre. Il a fallu un siècle et demi de prédicateurs évolutionnistes, de Buffon et Goethe à Butler et Bergson, pour nous convaincre que nous et notre père ne faisons qu'un ; que puisque le royaume des cieux est en nous, nous n'avons pas besoin d'aller le chercher et de crier Lo ici ! et voilà !; que Dieu n'est pas l'image d'une personne pompeuse en robe blanche dans la Bible familiale, mais un esprit ; que c'est grâce à cet esprit que nous évoluons vers une plus grande abondance de vie ; que nous sommes les lampes dans lesquelles brûle la lumière du monde : que, en cohorte, nous sommes des dieux bien que nous mourions comme les hommes. Tout ce qui relève aujourd'hui de la biologie et de la psychologie ; et les efforts des sélectionnistes naturels comme Weismann pour réduire l'évolution à un simple automatisme n'ont pas touché la doctrine de Jésus, bien qu'ils n'aient fait qu'une bouchée des théologiens qui concevaient Dieu comme un magnat gardant les hommes et les anges comme Lord Rothschild garde les buffles et les émeus à Tring. .

L'ARGENT, SAGE-FEMME DU COMMUNISME SCIENTIFIQUE.

Un lecteur naïf pourrait se demander ici pourquoi nous ne devrions pas recourir au communisme grossier comme on a dit aux disciples de le faire. Cela serait tout à fait réalisable dans un village où la production serait limitée à la satisfaction des besoins primitifs que la nature impose à tous les êtres humains. Nous savons que les gens ont besoin de pain et de bottes sans attendre qu'ils viennent demander ces choses et proposent de les payer. Mais lorsque la civilisation progresse au point où l'on produit des articles dont aucun homme n'a absolument besoin et que seuls quelques hommes imaginent ou peuvent utiliser, il est nécessaire que les individus puissent faire fabriquer les choses sur leur commande et à leurs propres frais. Il est sécuritaire de fournir du pain à tout le monde parce que tout le monde veut et mange du pain ; mais il serait absurde de fournir à tout le monde des microscopes et des trombones, des serpents de compagnie et des maillets de polo, des alambics et des éprouvettes, car les neuf dixièmes seraient gaspillés ; et les neuf dixièmes de la population qui n'utilisent pas de telles choses s'opposeraient à ce qu'elles soient fournies du tout. Nous avons dans cet instrument inestimable appelé monnaie un moyen de permettre à chaque individu de commander et de payer les choses particulières qu'il désire en plus. les choses qu'il doit consommer pour rester en vie, plus les choses que l'État insiste pour qu'il les possède et les utilise, qu'il le veuille ou non ; par exemple, les vêtements, les installations sanitaires, les armées et les marines. Dans les grandes communautés, où même les demandes les plus excentriques d'articles manufacturés s'équilibrent jusqu'à ce qu'elles puissent être prévues avec une marge d'erreur négligeable, le communisme direct (Prenez ce que vous voulez sans paiement, comme le font les gens dans News From Nowhere de Morris) après un peu d'expérience, ils se révèlent non seulement réalisables, mais extrêmement économiques, à un point qui semble maintenant impossible. Les sportifs, les musiciens, les physiciens, les biologistes obtiendront leur appareil à la demande aussi facilement que leur pain, ou, comme à présent, leur pavage, leur éclairage public et leurs ponts ; et le sourd ne s'opposera pas à contribuer aux flûtes communes lorsque le musicien doit contribuer aux trompettes auriculaires communes. Il existe des cas (par exemple celui du radium) dans lesquels la demande peut être limitée à une simple poignée de travailleurs de laboratoire et dans lesquels néanmoins la communauté entière doit payer parce que le prix est au-dessus des moyens de tout travailleur individuel. Mais même en tenant compte au maximum des extensions du communisme qui semblent aujourd'hui fabuleuses, il restera encore longtemps encore des régions d'offre et de demande dans lesquelles les hommes auront besoin et utiliseront de l'argent ou du crédit individuel et pour lesquelles, par conséquent, ils doivent avoir des revenus individuels. Les voyages à l'étranger en sont un exemple évident. Nous sommes encore si loin du communisme national que nous connaîtrons probablement des développements considérables du communisme local avant qu'il ne devienne possible à un Manchesterois de se rendre à Londres pour une journée sans emporter d'argent avec lui. La forme pratique moderne du communisme de Jésus est donc, pour le moment, une répartition égale du surplus du revenu national qui n'est pas absorbé par le communisme simple.

NE JUGEZ PAS.

En ce qui concerne le crime et la famille, la pensée et l'expérience modernes n'ont apporté aucune lumière nouvelle sur les vues de Jésus. Lorsque Swift a eu l'occasion d'illustrer la corruption de notre civilisation en dressant un catalogue des types de canailles qu'elle produit, il a toujours donné aux juges une place de choix à côté de ceux qu'ils jugeaient. Et il semble avoir fait cela non pas comme une reformulation de la doctrine de Jésus, mais comme le résultat de sa propre observation et de son jugement. Une des histoires de M. Gilbert Chesterton a pour héros un juge qui, alors qu'il juge une affaire criminelle, est tellement accablé par l'absurdité de sa position et la méchanceté des choses qu'elle l'oblige à faire, qu'il y jette l'hermine et puis, il part dans le monde pour vivre la vie d'un honnête homme au lieu de celle d'une idole cruelle. Il y a aussi eu une propagande d'une bêtise sans âme appelée Déterminisme, représentant l'homme comme un objet mort poussé ici et là par son environnement, ses antécédents, ses circonstances, etc., qui rappelle néanmoins qu'il y a des limites au nombre de coudées individuelles. peut ajouter à sa stature morale ou physique, et qu'il est aussi stupide que cruel de tourmenter un homme de cinq pieds de haut parce qu'il n'est pas capable de cueillir des fruits qui sont à la portée des hommes de taille moyenne. J'ai connu le cas d'une malheureuse enfant battue parce qu'elle ne savait pas lire l'heure après avoir reçu une explication élaborée des chiffres sur le cadran d'une horloge, le fait étant qu'elle était myope et ne pouvait pas les voir. C'est une illustration typique des absurdités et des cruautés auxquelles nous conduit la contre-stupide du déterminisme : la doctrine du libre arbitre. L'idée selon laquelle les gens peuvent être bons s'ils le veulent, et qu'il faut leur donner un puissant motif supplémentaire de bonté en les tourmentant lorsqu'ils font le mal, se réduirait bientôt à l'absurdité si son application n'était pas maintenue dans les limites que la nature fixe. la maîtrise de soi de la plupart d'entre nous. Personne ne suppose qu'un homme sans oreille musicale ni faculté mathématique puisse être contraint, sous peine de mort, aussi cruelle soit-elle, de fredonner tous les thèmes des symphonies de Beethoven ou d'achever l'œuvre de Newton sur les fluxions.

LIMITES AU LIBRE ARBITRE.

Par conséquent, celles de nos lois qui ne sont pas simplement des intimidations par lesquelles les tyrannies sont maintenues sous prétexte de loi, peuvent être obéies par l'exercice d'un degré tout à fait commun de pouvoir de raisonnement et de maîtrise de soi. La plupart des hommes et des femmes peuvent endurer les ennuis et les déceptions ordinaires de la vie sans commettre d'agressions meurtrières. Ils concluent donc que toute personne peut s'abstenir de telles agressions si elle le souhaite et renforcer sa maîtrise de soi en la menaçant de sanctions sévères. Mais en cela ils se trompent. Il y a des gens, dont certains possèdent des facultés mentales et physiques considérables, qui ne peuvent pas plus retenir la fureur dans laquelle les jette un incident insignifiant qu'un chien ne peut s'empêcher de craquer s'il est soudainement et douloureusement pincé. Les gens se lancent des couteaux et des lampes à pétrole allumées lors d'une dispute autour d'une table à manger. Les hommes qui ont subi plusieurs longues peines de travaux forcés pour agressions meurtrières, dès le lendemain de leur libération, saisiront leurs femmes et les jetteront sous des chariots sur un mot irritant. Nous avons non seulement des gens qui ne peuvent pas résister à une opportunité de voler pour satisfaire leurs besoins, mais aussi des gens qui ont une manie spécifique de voler et qui le font alors qu'ils n'ont pas besoin des choses qu'ils volent. Le cambriolage fascine certains hommes comme la navigation fascine certains garçons. Parmi les gens respectables, combien y en a-t-il qui peuvent être retenus par les avertissements de leurs médecins et les leçons de l'expérience de manger et de boire plus que ce qui leur est bon ? Il est vrai qu'entre les gens qui se maîtrisent eux-mêmes et les gens ingouvernables, il existe une marge étroite de simulations morales qui peuvent être amenées à se comporter par peur des conséquences ; mais cela ne vaut pas la peine de maintenir un système abominable de mauvais traitements malveillants, délibérés, coûteux et dégradants à l'encontre des criminels pour le bien de ces cas marginaux. Pour lutter concrètement contre le crime, le déterminisme ou la prédestination est une très bonne règle de travail. Les personnes qui ne disposent pas d'une maîtrise d'elles-mêmes suffisante pour des raisons sociales peuvent être tuées ou gardées dans des asiles afin d'étudier leur état et de déterminer s'il est guérissable. Les torturer et se donner des airs vertueux à leurs dépens est ridicule et barbare ; et le désir de le faire est vindicatif et cruel. Et bien que la vindicte et la cruauté soient au moins des qualités humaines lorsqu'elles sont franchement proclamées et cédées, elles sont répugnantes lorsqu'elles revêtent l'habit de justice. Ce qui, je suppose, est la raison pour laquelle Isabella de Shakespeare a autant critiqué le juge Angelo, et pourquoi Swift a réservé le coin le plus chaud de son enfer aux juges. Aussi, bien sûr, pourquoi Jésus a dit « Ne jugez pas, afin que vous ne soyez pas jugés » et « Si quelqu'un entend mes paroles et ne croit pas, je ne le juge pas » parce que « il a quelqu'un qui le juge » : à savoir, le Père qui est un avec lui.

Lorsque nous sommes volés , nous faisons généralement appel au droit pénal, sans considérer que si le droit pénal était efficace, nous n'aurions pas dû être volés. Cela nous convainc de vengeance.

Je n'ai pas besoin de développer davantage l'argument. J'en ai suffisamment traité ailleurs. Je dois seulement souligner que nous jugeons et punissons depuis que Jésus nous a dit de ne pas le faire ; et je défie quiconque de présenter des arguments convaincants pour croire que le monde a été meilleur qu'il ne l'aurait été s'il n'y avait jamais eu de juge, de prison ou de potence pendant tout ce temps. Nous avons simplement ajouté la misère du châtiment à la misère du crime, et la cruauté du juge à la cruauté du criminel. Nous avons pris le méchant et l'avons aggravé par la torture et la dégradation, nous aggravant d'ailleurs nous-mêmes dans le processus. Cela ne semble pas très sensible, n'est-ce pas ? Il aurait été beaucoup plus facile de le tuer le plus gentiment possible, ou de l'étiqueter et de le laisser à sa conscience, ou de le traiter comme un invalide ou un fou (ce n'est d'ailleurs que ces dernières années) que les fous ont été délivrés du fouet, de la chaîne et de la cage ; et c'est, je présume, la forme sous laquelle l'enseignement de Jésus aurait pu être mis en pratique.)

JÉSUS SUR LE MARIAGE ET LA FAMILLE.

Quand nous abordons le mariage et la famille, nous voyons Jésus formuler la même objection à cette appropriation individuelle des êtres humains qui est l'essence du mariage qu'à l'appropriation individuelle des richesses. Un homme marié, dit-il, essaiera de plaire à sa femme, et une femme mariée de plaire à son mari, au lieu de faire l'œuvre de Dieu. Ceci est une autre version de « Là où est ton trésor, là sera aussi ton cœur ». Mille huit cents ans plus tard, nous trouvons une personne très différente de Jésus, à savoir Talleyrand, qui dit la même chose. Un homme marié avec une famille, disait Talleyrand, est prêt à tout pour de l'argent. Bien que cela ne soit pas une affirmation scientifiquement précise, cela est suffisamment vrai pour constituer une objection morale au mariage. Aussi longtemps qu'un homme a le droit de risquer sa vie ou son gagne-pain pour ses idées , il lui suffit d'être intègre et convaincu pour rendre ses idées inattaquables. Mais il perd ce droit lorsqu'il se marie. Il fallut une révolution pour sauver Wagner de sa nomination à la cour de Dresde ; et sa femme ne lui a jamais pardonné de s'être senti heureux et libre lorsqu'il l'avait perdu et l'avait replongée dans la pauvreté. Millet aurait pu continuer à peindre des nus bouillants jusqu'à la fin de sa vie si sa femme n'avait pas elle-même été héroïque. Les femmes, pour le bien de leurs enfants et de leurs parents, se soumettent à l'esclavage et à la prostitution qu'aucune femme seule ne supporterait.

Ce fut le début et la fin de l'objection de Jésus au mariage et aux liens familiaux, et l'explication de sa conception du ciel comme un lieu où il ne devrait y avoir ni mariage ni mariage. Il n'y a aucune raison de supposer qu'en disant cela, il ne le pensait pas. Il n'a pas proposé, comme saint Paul le fit plus tard en son nom, le célibat comme règle de vie ; car il n'était pas idiot et, lorsqu'il dénonçait le mariage, il n'était pas encore parvenu à croire, comme saint Paul, que la fin du monde était proche et qu'il n'était donc plus nécessaire de remplir la terre . Il a dû vouloir dire que la race devait se poursuivre sans diviser entre les femmes et les hommes l'allégeance de l'individu qui doit à Dieu en lui. Cela soulève le problème pratique de savoir comment garantir la liberté spirituelle et l'intégrité du prêtre et de la religieuse sans leur stérilité et leur expérience incomplète. Le prêtre Luther n'a pas résolu le problème en épousant une religieuse : il a seulement démontré de la manière la plus convaincante et la plus pratique que le célibat était un échec pire que le mariage.

POURQUOI JÉSUS NE S'EST PAS MARIÉ.

À tous les problèmes, l'apparence n'opprime que quelques personnes exceptionnelles. Les femmes tout à fait conventionnelles mariées à des hommes tout à fait conventionnels ne devraient être conscientes d'aucune restriction : la chaîne non seulement les laisse libres de faire ce qu'elles veulent, mais leur facilite grandement le faire. Pour eux, une attaque contre le mariage n'est pas un coup porté à la défense de leur liberté mais à leurs droits et privilèges. On pourrait s'attendre à ce qu'ils non seulement s'opposent avec véhémence aux enseignements de Jésus sur cette question, mais qu'ils s'opposent fortement au fait qu'il n'ait pas lui-même été un homme marié. Même ceux qui le considèrent comme un dieu descendu de son trône céleste pour affronter l'humanité pendant un certain temps pourraient raisonnablement déclarer que l'hypothèse de l'humanité aurait dû être incomplète à son point le plus vital s'il avait été célibataire. Mais les faits sont catégoriquement contraires. La simple pensée de Jésus comme un homme marié est considérée comme blasphématoire par les croyants les plus conventionnels ; et même ceux d'entre nous pour qui Jésus n'est pas un personnage surnaturel, mais un prophète seulement comme Mahomet était prophète, sentent qu'il y avait quelque chose de plus digne dans le célibat de Jésus que dans le spectacle de Mahomet étendu distrait sur le sol de son harem tandis que ses femmes se déchaînaient, se chamaillaient et picoraient autour de lui. Nous ne sommes pas surpris que lorsque Jésus a appelé les fils de Zébédée à le suivre, il n'a pas appelé leur père, et que les disciples, comme Jésus lui-même, étaient tous des hommes sans problèmes familiaux. Il ressort clairement de son impatience lorsque les gens s'excusaient de le suivre à cause de leurs funérailles familiales, ou lorsqu'ils pensaient que son premier devoir était envers sa mère, qu'il avait trouvé à chaque instant des liens familiaux et des affections domestiques et qu'il avait devenus enfin persuadés qu'aucun homme ne pouvait suivre sa lumière intérieure tant qu'il n'était pas libre de leur contrainte. L'absence de toute protestation contre cela nous incite à déclarer qu'il n'y a pas de gens conventionnels sur cette question du mariage ; et que chacun de nous est dans l'âme un bon chrétien sexuellement.

INCOhérence DE L'INSTINCT SEXUEL.

Mais la question n'est pas aussi simple que cela. Le sexe est un instinct extrêmement subtil et compliqué ; et la masse de l'humanité ne connaît pas et ne s'intéresse pas beaucoup à la liberté de conscience, à laquelle Jésus pensait, et est presque préoccupée par l'obsession du sexe, sur laquelle Jésus n'a rien dit. Dans notre nature sexuelle, nous sommes déchirés par une attirance irrésistible et une répugnance et un dégoût irrésistibles. Nous avons deux passions physiques tyranniques : la concupiscence et la chasteté. Nous devenons fous dans la poursuite du sexe : nous devenons également fous dans la persécution de cette quête. Si nous ne satisfaisons pas notre désir , la race est perdue ; si nous ne la retenons pas, nous nous détruisons nous-mêmes. Nous sommes ainsi amenés à concevoir des institutions matrimoniales qui, en même temps, assureront des possibilités de satisfaction sexuelle et élèveront d'innombrables obstacles à celle-ci ; ce qui le sanctifiera et le marquera comme infâme ; ce qui l'identifiera simultanément au virtuel et au péché. Il est évidemment inutile de rechercher une quelconque cohérence dans de telles institutions ; et ce n'est que par une réforme et un réajustement continus, et par une élasticité considérable dans leur application, qu'un résultat acceptable peut être atteint. Je n'ai pas besoin de répéter ici l'examen long et minutieux de ces principes que j'ai préfixé à ma pièce intitulée Se marier. Ici, je m'intéresse uniquement aux opinions de Jésus sur la question ; et il est nécessaire, pour comprendre l'attitude du monde à leur égard, que nous n'attribuions pas l'approbation générale de la décision de Jésus de rester célibataire comme une approbation de ses vues. Nous sommes simplement dans un état de confusion à ce sujet ; mais cela fait partie de la confusion que nous devrions conclure que Jésus était célibataire, et reculer même devant l'idée que sa naissance était naturelle, tout en nous accrochant avec férocité au caractère sacré de l'institution qui fournit un refuge contre le célibat.

POUR LE MEILLEUR OU POUR LE PIRE.

Jésus n'a cependant pas exprimé une vision compliquée du mariage. Son objection était très simple, comme nous l'avons vu. Il percevait que personne ne pouvait vivre une vie supérieure à moins d'obtenir de l'argent et de l'amour sexuel sans les sacrifier ; et il vit que l'effet du mariage tel qu'il existait parmi les Juifs (et tel qu'il existe encore parmi nous) était d'amener les couples à sacrifier toute considération supérieure jusqu'à ce qu'ils se soient nourris et se plaisent mutuellement. Le pire est que cette dangereuse absurdité du mariage, au lieu de s'améliorer à mesure que la conduite générale des couples mariés s'améliore, s'aggrave. L'homme égoïste pour qui sa femme n'est qu'un esclave, la femme égoïste pour qui son mari n'est qu'un bouc émissaire et un soutien de famille, ne sont pas retenus dans les aventures spirituelles ou autres par la peur de leurs effets sur le bien-être de leur conjoint. . Leurs femmes n'en font pas des recréants et des lâches : leurs maris ne les enchaînent pas au berceau et au fourneau alors que leurs pieds devraient être beaux sur les montagnes. C'est précisément à mesure que les gens deviennent plus gentils, plus consciencieux, plus disposés à assumer la partie la plus lourde du fardeau (ce qui signifie que le fort cède la place au faible et le lent retiens le rapide), que le mariage devient un obstacle intolérable au mariage. évolution individuelle. Et c'est pourquoi la révolte contre le mariage dont Jésus était l'un des représentants se reproduit toujours lorsque la civilisation élève le niveau du devoir et de l'affection conjugaux, et en même temps produit un plus grand besoin de liberté individuelle dans la poursuite d'une évolution plus élevée. Ceci, heureusement, n'est qu'un aspect du mariage ; et la question se pose : ne peut-il pas être éliminé ? La réponse est rassurante : bien sûr que c'est possible. Il n'y a aucune raison mortelle dans la nature des choses pour laquelle un couple marié devrait être économiquement dépendant l'un de l'autre. Le communisme préconisé par Jésus, que nous avons vu comme tout à fait réalisable, et même inévitable si l'on veut sauver notre civilisation de l'effondrement, élimine complètement cette difficulté. Et avec la dépendance économique s'ajoutera la force des affirmations scandaleuses qui tirent leur véritable sanction de la pression économique qui les sous-tend. Lorsqu'un homme permet à sa femme de le détourner du meilleur travail qu'il est capable de faire et de vendre son âme aux prix commerciaux les plus élevés possibles ; lorsqu'il lui permet de l'empêtrer dans une routine sociale qui l'ennuie et le débilitant, ou de l'attacher aux cordons de son tablier lorsqu'il a besoin de cette solitude occasionnelle qui est l'un des droits de l'homme les plus sacrés, il le fait parce qu'il n'a pas Elle a le droit de lui imposer des normes de dépenses excentriques et des habitudes antisociales, et parce que ces conditions ont produit, par leur pression, une coutume si générale d'enchaîner les couples mariés les uns aux autres que les gens mariés sont grossièrement ridiculisés lorsque leurs partenaires brisent la chaîne. Et lorsqu'une femme est condamnée par ses parents à attendre dans une oisiveté et une inutilité distinguées un mari alors que tous ses instincts sociaux sains l'appellent à acquérir une profession et un travail, c'est encore une fois sa dépendance économique à leur égard qui rend leur tyrannie efficace.

LE CAS DU MARIAGE.

Ainsi, même s'il serait exagéré de dire que tout ce qui est odieux dans le mariage et la vie familiale sera guéri par le communisme, on peut néanmoins dire qu'il guérira ce à quoi Jésus s'est opposé dans ces institutions. Il n'en a pas fait une étude approfondie : il a seulement exprimé son propre grief avec le sentiment écrasant qu'il s'agit d'un grief si profond que toutes les considérations de l'autre côté sont comme de la poussière dans la balance. De telles considérations existent évidemment , et elles sont également très importantes. Quand Talleyrand disait qu'un homme marié et ayant une famille est capable de tout, il voulait dire n'importe quoi de mal ; mais un optimiste peut déclarer, avec une égale moitié de vérité , qu'un homme marié est capable de tout de bon ; que le mariage transforme les vagabonds en citoyens stables ; et que les hommes et les femmes pratiqueront , par amour de leur conjoint et de leurs enfants, des vertus dont les individus sans attaches sont incapables de le faire. Il est vrai qu'une trop grande part de cette vertu domestique est du renoncement à soi-même, qui n'est pas du tout une vertu ; mais alors suivre à tout prix la lumière intérieure est en grande partie une complaisance envers soi-même, qui est tout aussi suicidaire, tout aussi faible, tout aussi lâche que le renoncement à soi-même. Ibsen, qui nous aborde le sujet avec beaucoup plus de détermination que Jésus, ne parvient pas à trouver de règle d'or : Brand et Peer Gynt connaissent une mauvaise fin ; et bien que Brand ne fasse pas autant de mal que Peer, le mal qu'il commet est d'une intensité extraordinaire.

LE CÉLIBAT AUCUN REMÈDE.

Nous devons, je pense, considérer la protestation de Jésus contre le mariage et les liens familiaux comme la revendication d'un type particulier d'individu de s'en libérer parce qu'ils gênent intolérablement son propre travail. Lorsqu'il dit que si nous voulons le suivre dans le sens d'entreprendre son travail , nous devons abandonner nos liens familiaux, il énonce simplement un fait ; et jusqu'à aujourd'hui, le prêtre catholique romain, le lama bouddhiste et les fakirs de toutes les confessions orientales acceptent ce dicton. Il est également accepté par les physiquement entreprenants, les explorateurs, les énergiques de tous bords, bref par les aventuriers. Le plus grand sacrifice dans le mariage est le sacrifice de l'attitude aventureuse face à la vie : l'installation. Ceux qui naissent fatigués peuvent avoir envie de s'installer ; mais pour les esprits plus frais et plus forts, c'est une forme de suicide. Or, dire d'une institution qu'elle est incompatible à la fois avec la vie contemplative et aventureuse, c'est la déshonorer d'une manière si vitale que toutes les moralisations de tous les doyens et chapitres ne peuvent réconcilier nos âmes avec son esclavage. Jésus célibataire et Beethoven célibataire, Jeanne d'Arc célibataire, Claire, Thérèse, Florence Nightingale semblent tels qu'ils devraient être ; et le dicton selon lequel il y a toujours quelque chose de ridicule chez un philosophe marié devient inévitable. Et pourtant le célibataire est encore plus ridicule que l'homme marié : le prêtre, en acceptant l'alternative du célibat, se invalide ; et les meilleurs prêtres sont ceux qui ont été des hommes de ce monde avant de devenir des hommes du monde à venir. Mais comme la prononciation des vœux n'annule pas un mariage existant et qu'un homme marié ne peut pas devenir prêtre, nous sommes à nouveau confrontés à l'absurdité selon laquelle le meilleur prêtre est un débauché réformé. Ainsi le mariage, lui-même intolérable, nous pousse-t-il vers des alternatives intolérables. La solution pratique est de rendre l'individu économiquement indépendant du mariage et de la famille, et de rendre le mariage aussi facilement dissoluble que tout autre partenariat : en d'autres termes, d'accepter les conclusions auxquelles l'expérience conduit lentement nos sociologues et nos législateurs. Cela ne guérira pas instantanément tous les maux du mariage, ni ne déracinera d'un seul coup sa détestable tradition de propriété sur les corps humains. Mais cela laissera la Nature libre d'effectuer une guérison ; et dans un sol libre, la racine peut se flétrir et périr.

Cela élimine toutes les opinions et tous les enseignements de Jésus qui sont encore sujets à controverse. Ils s'inscrivent tous dans la meilleure pensée moderne. Il nous a dit ce que nous devions faire ; et nous avons dû trouver le moyen d'y parvenir. La plupart d'entre nous sont encore, comme la plupart l'étaient à son époque, extrêmement récalcitrants et sont contraints de s'engager dans cette voie par la pression douloureuse des circonstances, protestant à chaque pas que rien ne nous y incitera ; que c'est une voie ridicule, une voie honteuse, une voie socialiste, une voie athée, une voie immorale, et que l'avant-garde devrait avoir honte d'elle-même et être obligée de faire marche arrière immédiatement. Mais ils découvrent qu'ils doivent quand même suivre l'avant-garde si l'on veut que leur vie vaille la peine d'être vécue.

APRÈS LA CRUCIFIXION.

Revenons maintenant au récit du Nouveau Testament ; car ce qui s'est passé après la disparition de Jésus est instructif. Malheureusement, la crucifixion fut un succès politique complet. Je me souviens que lorsque je l'avais décrit en ces termes une fois auparavant, j'avais profondément choqué un journal très respectable de ma ville natale, le Dublin Daily Express, parce que ma phrase journalistique montrait que je le traitais comme un événement ordinaire comme le Home Rule ou l'Assurance. Acte : c'est-à-dire (bien que cela ne soit pas venu à l'esprit de l'éditeur) comme un événement réel qui s'est réellement produit, au lieu d'une partie du service de l'Église. Je ne peux que répéter, en supposant que c'était un événement réel et qu'il s'est réellement produit, que ce fut un succès aussi complet que n'importe quel autre dans l'histoire. Le christianisme en tant que doctrine spécifique a été tué avec Jésus, soudainement et complètement. À peine avait-il froid dans sa tombe, ou haut dans son ciel (comme vous voudrez), que les apôtres ont ramené sa tradition au niveau de ce qu'elle est restée depuis. Et cette chose, les païens intelligents pourraient l'étudier, s'ils voulaient être instruits par des livres modernes, dans le roman de Samuel Butler, La Voie de toute chair.

Les miracles vindicatifs et la lapidation d'Etienne.

Prenons par exemple les miracles. De Jésus seul, parmi tous les faiseurs de miracles chrétiens, il n'y a aucune trace, sauf dans certains évangiles que tous les hommes rejettent, d'un miracle malveillant ou destructeur. Un figuier stérile fut la seule victime de sa colère. Chacun de ses miracles sur des sujets sensibles était un acte de gentillesse. Jean déclare qu'il a guéri la blessure de l'homme dont l'oreille avait été coupée (par Pierre, dit Jean) lors de son arrestation dans le jardin. L'une des premières choses que les apôtres firent avec leur pouvoir miraculeux fut de frapper à mort un misérable et sa femme qui les avaient fraudés en retenant de l'argent des actions communes. Ils frappaient les gens aveugles ou morts sans remords, jugeant parce qu'ils avaient été jugés. Ils guérissaient les malades et ressuscitaient les morts, apparemment dans un esprit de pure démonstration et de publicité. Leur doctrine ne contenait pas un rayon de cette lumière qui révèle Jésus comme l'un des rédempteurs des hommes de la folie et de l'erreur. Ils l'ont annulé et sont revenus directement à Jean-Baptiste et à sa formule garantissant la rémission des péchés par la repentance et le rite du baptême (naître de nouveau d'eau et d'esprit). La première harangue de Pierre nous adoucit par le côté humain de son exorde, qui était une assurance surannée pour ses auditeurs qu'ils devaient le croire sobre parce qu'il était trop tôt dans la journée pour se saouler ; mais de Jésus, il n'avait rien à dire, sinon qu'il était le Christ annoncé par les prophètes comme issu de la postérité de David, et qu'ils devaient croire cela et se faire baptiser. A cela les autres apôtres ajoutèrent des dénonciations incessantes des Juifs pour l'avoir crucifié, et des menaces de destruction qui les atteindraient s'ils ne se repentaient pas, c'est-à-dire s'ils ne rejoignaient pas la secte que formaient alors les apôtres. Un jeune orateur tout à fait intolérable nommé Stephen a prononcé un discours devant le concile, dans lequel il leur a d'abord infligé une esquisse fastidieuse de l'histoire d'Israël, qu'ils connaissaient probablement aussi bien que lui, puis les a injuriés dans les termes les plus insultants. comme « au cou raide et incirconcis ». Finalement, après les avoir ennuyés et ennuyés jusqu'à l'extrémité supportable, il leva les yeux et déclara qu'il voyait les cieux ouverts et le Christ debout à la droite de Dieu. C'en était trop : ils le jetèrent hors de la ville et le lapidèrent à mort. C'était une manière sévère de réprimer un ennui imaginaire et sans tact ; mais c'était pardonnable et humain en comparaison du massacre des pauvres Ananias et Saphira.

PAUL.

Soudain, un homme de génie, Paul, violemment antichrétien, entre en scène, tenant les vêtements des hommes qui lapident Stephen. Il persécute les chrétiens avec une grande vigueur, sport qu'il combine avec le métier de fabricant de tentes. Cette haine capricieuse envers Jésus, qu'il n'a jamais vu, est un symptôme pathologique de cette sorte particulière de conscience et de constitution nerveuse qui soumet ses victimes à la tyrannie de deux terreurs délirantes : la terreur du péché et la terreur de la mort, qui peut être aussi appelé la terreur du sexe et la terreur de la vie. Maintenant, Jésus, avec sa conscience saine sur son plan supérieur, était libéré de ces terreurs. Il fréquentait les pécheurs et ne s'est jamais soucié un seul instant, autant que nous le sachions, de savoir si sa conduite était pécheresse ou non ; de sorte qu'il nous a forcé à l'accepter comme l'homme sans péché. Même si l'on considère ses derniers jours comme les jours de son délire, il n'en a pas moins fait une démonstration assez convaincante de supériorité sur la peur de la mort. Cela a dû à la fois fasciner et horrifier Paul, ou Saul, comme on l'appelait pour la première fois. L'horreur explique sa féroce persécution des chrétiens. Cette fascination explique la plus étrange de ses fantaisies : la fantaisie d'attacher le nom de Jésus-Christ à la grande idée qui lui vint sur la route de Damas, l'idée qu'il pouvait non seulement faire de ses deux terreurs une religion, mais que le mouvement initié par Jésus lui offre le noyau de sa nouvelle Église. C'était une idée monstrueuse ; et les secousses qui en résultèrent, comme il le déclara plus tard, le rendirent aveugle pendant des jours. Il entendit Jésus l'appeler depuis les nuées : « Pourquoi me persécuter ? Sa haine naturelle envers le professeur pour qui le péché et la mort n'avaient aucune terreur s'est transformée en un culte personnel sauvage à son égard qui a l'horreur d'une belle chose vue sous un faux jour.

Le chroniqueur des Actes des Apôtres n'y voit rien de la signification. Le grand danger de la conversion à toutes les époques a été que lorsque la religion du mental supérieur est offerte au mental inférieur, le mental inférieur, ressentant sa fascination sans la comprendre et étant incapable de s'élever jusqu'à elle, l'entraîne jusqu'à son niveau. en le dégradant. Il y a des années , j'ai dit que la conversion d'un sauvage au christianisme était la conversion du christianisme à la sauvagerie. La conversion de Paul n'était pas du tout une conversion : c'est Paul qui a converti la religion qui avait élevé un homme au-dessus du péché et de la mort en une religion qui a livré des millions d'hommes si complètement sous leur domination que leur propre nature commune est devenue pour eux une horreur. et la vie religieuse est devenue un déni de la vie. Paul n'avait aucune intention d'abandonner son judaïsme ou sa citoyenneté romaine au nouveau monde moral (comme l'appelait Robert Owen) du communisme et du jésuisme . De même qu'au XIXe siècle Karl Marx, non content de prendre l'économie politique telle qu'il la trouvait, s'obstinait à la reconstruire de fond en comble, à sa manière, et donnait ainsi une nouvelle vie aux erreurs qu'elle était en train de dépasser, de même Paul a reconstitué le vieux salutisme dont Jésus avait vainement tenté de le racheter, et a produit une théologie fantastique qui est encore la chose la plus étonnante du genre que nous connaissions. Étant intellectuellement un rationaliste romain invétéré, rejetant toujours le réel irrationnel au profit du postulat irréel mais ratiocinable , il a commencé par rejeter l'homme tel qu'il est et lui a substitué un postulat qu'il a appelé Adam. Et lorsqu'on lui demanda, comme il devait sûrement l'être dans un monde pas totalement fou, ce qu'était devenu l'homme naturel, il répondit : « Adam EST l'homme naturel ». Cela était déroutant pour les niais, car selon la tradition, Adam était certainement le nom de l'homme naturel créé dans le jardin d'Eden. C'était comme si un prédicateur de notre époque avait qualifié de typiquement britannique le monstre de Frankenstein et l'avait appelé Smith, et que quelqu'un, en lui demandant ce qu'il en était de l'homme de la rue, s'était fait répondre : « Smith est l'homme de la rue ». Cela arrive assez souvent ; car en effet, le monde est plein d'Adams, de Smith, d'hommes de la rue, d'hommes sensuels moyens, d'hommes économiques, de femmes féminines et ainsi de suite, tous des atlas imaginaires portant des mondes imaginaires sur leurs épaules insubstantielles.

L'histoire d'Eden a fourni à Adam un péché : le « péché originel » pour lequel nous sommes tous damnés. Bientôt posé, cela paraît ridicule ; néanmoins cela correspond à quelque chose qui existe réellement non seulement dans la conscience de Paul mais dans la nôtre. Le péché originel n'était pas la consommation du fruit défendu, mais la conscience du péché que produisait le fruit. Dès l'instant où Adam et Ève goûtèrent la pomme, ils eurent honte de leur relation sexuelle, qui leur avait semblé jusqu'alors tout à fait innocente ; et il est indéniable que cette honte, ou cet état de péché, a persisté jusqu'à ce jour et est l'un de nos instincts les plus forts. Ainsi, le postulat de Paul selon lequel Adam était l'homme naturel était pragmatiquement vrai : il fonctionnait. Mais la faiblesse du pragmatisme est que la plupart des théories fonctionneront si vous vous efforcez de les faire fonctionner, à condition qu'elles aient un certain point de contact avec la nature humaine. L'hédonisme passera le test pragmatique tout comme le stoïcisme. Jusqu'à un certain point, tout principe social qui n'est pas absolument idiot fonctionne : l'autocratie fonctionne en Russie et la démocratie en Amérique ; L'athéisme fonctionne en France, le polythéisme en Inde, le monothéisme dans tout l'Islam et le pragmatisme, ou nonisme, en Angleterre. La conception fantastique de Paul du damné Adam, représenté par Bunyan comme un pèlerin portant un lourd fardeau de péchés sur le dos, correspond à la condition fondamentale de l'évolution, à savoir que la vie, y compris la vie humaine, évolue continuellement et doit donc être continuellement honte de lui-même, de son présent et de son passé. Le pèlerin de Bunyan veut se débarrasser de son paquet de péchés ; mais il veut aussi atteindre « là-bas la lumière brillante » ; et quand enfin son paquet tombe de lui dans le sépulcre du Christ, son pèlerinage est encore inachevé et ses épreuves les plus dures l'attendent encore. Sa conscience reste inquiète ; le « péché originel » le tourmente encore ; et son aventure avec Giant Despair, qui le jette dans le donjon du Doubting Castle, d'où il s'échappe grâce à un passe-partout, est plus terrible que toutes celles qu'il a rencontrées alors que le paquet était encore sur son dos. Ainsi, l'allégorie de la nature humaine de Bunyan perce la théologie paulinienne en cent points. Son allégorie théologique, La Guerre Sainte, avec ses troupes de sceptiques sur les élections et sa cavalerie de « ceux qui chevauchaient des réformés », est , dans son ensemble, absurde, impossible et, sauf dans les passages où le vieil Adam artistique a momentanément pris le dessus. du théologien salutiste, difficilement lisible.

La théorie de Paul sur le péché originel était dans une certaine mesure idiosyncrasique. Il nous dit avec certitude qu'il se trouve tout à fait capable d'éviter le péché du sexe en pratiquant le célibat ; mais il reconnaît, avec un peu de mépris, qu'à cet égard il n'est pas comme les autres hommes, et dit qu'ils feraient mieux de se marier que de brûler, admettant ainsi que, même si le mariage peut conduire à placer le désir de plaire à sa femme ou à son mari avant le désir de plaire Dieu, pourtant, la préoccupation pour un désir insatisfait peut être encore plus impie que la préoccupation pour l'affection domestique. Cette vision du cas l'amène inévitablement à insister sur le fait qu'une femme doit être plutôt une esclave qu'une compagne, sa véritable fonction étant, non pas d'engager l'amour et la loyauté d'un homme, mais au contraire de les libérer pour Dieu en soulageant l'homme de toute préoccupation sexuelle, tout comme, en sa qualité de femme de ménage et de cuisinière, elle soulage sa préoccupation de faim par le simple expédient de satisfaire son appétit. Cet esclavage se justifie également de manière pragmatique en travaillant efficacement ; mais cela a fait de Paul l'ennemi éternel de la femme. Incidemment, cela a conduit à de nombreuses surprises stupides sur le caractère personnel et la situation de Paul, de la part de gens tellement esclaves du sexe qu'un célibataire leur apparaît comme une sorte de monstre. Ils oublient que non seulement des prêtres entiers, officiels et non officiels, de Paul à Carlyle et Ruskin, ont défié la tyrannie du sexe, mais qu'un nombre immense de citoyens ordinaires des deux sexes ont, soit volontairement, soit sous la pression de circonstances facilement surmontables, économisé leurs énergies. pour des activités moins primitives.

Cependant, Paul a réussi à voler l'image du Christ crucifié comme figure de proue de son vaisseau salutiste, avec son Adam se faisant passer pour l'homme naturel, sa doctrine du péché originel et sa damnation évitable uniquement par la foi dans le sacrifice de la croix. En fait, à peine Jésus avait-il renversé le dragon de la superstition que Paul le remit hardiment sur ses jambes au nom de Jésus.

LA CONFUSION DU CHRISTIANISME.

Or il est évident qu'il ne faut pas confondre deux religions ayant des effets si contraires sur l'humanité puisqu'elles portent un nom commun. Il n'y a pas un seul mot du christianisme paulinien dans les paroles caractéristiques de Jésus. Lorsque Saül observait les vêtements des hommes qui lapidaient Étienne, il n'agissait pas selon des croyances auxquelles Paul avait renoncé. Il n'y a aucune trace de Christ ayant jamais dit à quelqu'un : « Va et pèche autant que tu veux : tu peux tout mettre sur moi. » Il a dit « Ne péchez plus » et a insisté sur le fait qu'il établissait les normes de conduite, sans les avilir, et que la justice du chrétien devait dépasser celle du scribe et du pharisien. L'idée qu'il versait son sang pour que chaque petit tricheur, adultère et libertin puisse s'y vautrer et en ressortir plus blanc que neige, ne peut lui être imputée de sa propre autorité. "Je viens comme un remède infaillible contre les mauvaises consciences" ne fait pas partie des paroles des évangiles. Si Jésus avait pu être consulté sur l'allégorie de Bunyan concernant le fardeau du péché tombant du dos du pèlerin lorsqu'il apercevait la croix, nous devons déduire de son enseignement qu'il aurait dit à Bunyan en termes forts qu'il n'avait jamais a commis une plus grande erreur dans sa vie, et que la tâche d'un Christ était de faire ressentir aux pécheurs satisfaits d'eux-mêmes le fardeau de leurs péchés et d'arrêter de les commettre au lieu de leur assurer qu'ils ne pouvaient pas s'en empêcher, car tout était de la faute d'Adam, mais cela n'avait pas d'importance tant qu'ils étaient crédules et amicaux envers eux-mêmes. Même lorsqu'il se considérait comme un dieu, il ne se considérait pas comme un bouc émissaire. Il devait ôter les péchés du monde par un bon gouvernement, par la justice et la miséricorde, en plaçant le bien-être des petits enfants au-dessus de l'orgueil des princes, en jetant tous les charlatans et idolâtries qui usurpent et malversent aujourd'hui la puissance de Dieu. nos autorités locales appellent étrangement le destructeur de poussière, et en roulant sur les nuages du ciel dans la gloire plutôt que dans une automobile à mille guinées. C'était du délire, si vous voulez ; mais c'était le délire d'une âme libre, et non celle d'une âme honteuse comme celle de Paul. En réalité, il n'y a jamais eu d'imposition plus monstrueuse que l'imposition des limitations de l'âme de Paul à l'âme de Jésus.

LE SECRET DU SUCCÈS DE PAUL.

Paul a dû bientôt découvrir que ses disciples avaient acquis la tranquillité d'esprit et la victoire sur la mort et le péché au prix de toute responsabilité morale ; car il a fait de son mieux pour la réintroduire en faisant de la bonne conduite le test d'une croyance sincère et en insistant sur le fait qu'une croyance sincère était nécessaire au salut. Mais comme son système était enraciné dans le simple fait que, comme ce qu'il appelait le péché inclut le sexe et est donc une partie indéracinable de la nature humaine (pourquoi autrement le Christ aurait-il dû expier le péché de toutes les générations futures ?), il lui était impossible de le faire. déclarer que le péché, même dans son extrémité la plus méchante, pourrait perdre le salut du pécheur s'il se repentait et croyait. Et jusqu'à aujourd'hui, le christianisme paulinien est, et doit son énorme vogue, au fait d'être une prime au péché. Ses conséquences ont dû être maîtrisées par la majorité mondiale au moyen d'un système de droit pénal violemment antichrétien et d'une moralité sévère. Mais bien sûr , la principale contrainte est la nature humaine, qui a de bonnes et de mauvaises impulsions, et qui s'abstient de tout vol, meurtre et cruauté, même lorsqu'on lui enseigne qu'elle peut tout commettre aux dépens du Christ et aller joyeusement au ciel. ensuite, tout simplement parce qu'il ne veut pas toujours assassiner, voler ou torturer.

Il est maintenant facile de comprendre pourquoi le christianisme de Jésus n'a pas réussi à s'établir politiquement et socialement et a été facilement réprimé par la police et l'Église, tandis que le paulinisme envahissait tout le monde civilisé occidental, qui était à cette époque l'Empire romain, et fut adoptée par elle comme sa foi officielle, les anciens dieux vengeurs tombant impuissants devant le nouveau Rédempteur. Elle conserve encore, comme on peut le constater en Afrique, son pouvoir d'apporter aux gens simples un message d'espoir et de consolation qu'aucune autre religion n'offre. Mais cet enchantement est produit par sa fausse association avec le charme personnel de Jésus et n'existe que pour les esprits non entraînés. Entre les mains d'un Français logique comme Calvin, qui le pousse jusqu'à ses dernières conclusions et qui crée des « instituts » pour les Écossais adultes têtus et les

Suisses littéraux, cela devient le plus infernal des fatalismes ; et la vie des enfants civilisés est gâchée par sa logique tandis que les piccaninnies nègres se réjouissent de ses légendes.

LES QUALITÉS DE PAUL

Paul, cependant, n'a pas acquis sa grande réputation par de simples impositions et réactions. Ce n'est qu'en comparaison avec Jésus (à qui beaucoup le préfèrent) qu'il apparaît commun et imaginé. Bien que dans les Actes il ne soit qu'un vulgaire revivaliste, il se révèle dans ses propres épîtres comme un véritable poète, bien que par éclairs. Il n'est pas plus chrétien que Jésus n'était baptiste ; il est disciple de Jésus seulement comme Jésus était disciple de Jean. Il ne fait rien de ce que Jésus aurait fait et ne dit rien de ce que Jésus aurait dit, même s'il aurait admiré beaucoup de choses, comme la célèbre ode à la charité. Il est plus juif que les juifs, plus romain que les Romains, fier dans les deux sens, plein de confessions initiales et de révélations de soi qui ne nous surprendraient pas si elles étaient glissées dans les pages de Nietzsche, tourmenté par une conscience intellectuelle qui exigeait une argumentation, même au prix du sophisme, avec toutes sortes de belles qualités et d'illuminations occasionnelles, mais toujours désespérément dans les labeurs du péché, de la mort et de la logique, qui n'avaient aucun pouvoir sur Jésus. Comme nous l'avons vu, c'est en introduisant cet esclavage et cette terreur dans la doctrine chrétienne qu'il l'a adaptée aux systèmes ecclésiastiques et étatiques que Jésus a transcendés, et l'a rendu praticable en détruisant son côté spécifiquement jésuiste . Il aurait été tout à fait à sa place dans n'importe quel État protestant moderne ; et c'est lui, et non Jésus, qui est le véritable chef et fondateur de notre Église réformée, comme Pierre l'est de l'Église romaine. Les disciples de Paul et Pierre ont créé la chrétienté, tandis que les Nazaréens ont été anéantis.

LES ACTES DES APÔTRES.

Nous pouvons ici revenir au récit intitulé Les Actes des Apôtres, que nous avons laissé au point où la lapidation d'Étienne fut suivie de l' introduction de Paul. L'auteur des Actes, bien que bon conteur, comme Luc, était (ici aussi comme Luc) beaucoup plus faible en puissance de pensée qu'en art littéraire imaginatif. C'est pourquoi nous trouvons que Luc attribue la paternité des Actes à des gens qui aiment les histoires et n'ont aucune aptitude pour la théologie, tandis que le livre lui-même est dénoncé comme faux par les théologiens pauliniens parce que Paul, et en fait tous les apôtres, y sont représentés comme très banals. des revivalistes, nous intéressant par leurs aventures plus que par des qualités d'esprit ou de caractère. En effet, sans les épîtres, nous aurions une très mauvaise opinion des apôtres. Paul en particulier est décrit comme ayant lancé une mode qui est restée continuellement utilisée jusqu'à ce jour. Chaque fois qu'il s'adresse à un auditoire, il s'attarde avec beaucoup d'enthousiasme sur ses méfaits avant sa pseudo-conversion, ce qui a pour effet de mettre davantage en relief son état actuel de béatitude ; et il raconte l'histoire de cette conversion encore et encore, se terminant par des exhortations aux auditeurs à venir se sauver, et des menaces de la colère qui les saisira s'ils refusent. Aujourd'hui , lors de n'importe quelle réunion de réveil, la même chose peut être entendue, suivie des mêmes conversions. C'est assez naturel ; mais cela est totalement différent de la prédication de Jésus, qui n'a jamais parlé de son histoire personnelle et n'a jamais « excité » un auditoire à l'hystérie. Il vise un effet purement nerveux ; cela n'apporte aucune illumination ; l'homme le plus ignorant n'a qu'à s'enivrer de sa propre vanité et à prendre sa satisfaction personnelle pour le Saint-Esprit, pour devenir qualifié d'apôtre ; et cela n'a absolument rien à voir avec les doctrines caractéristiques de Jésus. Le Saint-Esprit peut être à l'œuvre partout, produisant des merveilles d'art et de science, et fortifiant les hommes pour qu'ils endurent toutes sortes de martyres pour l'élargissement de la connaissance, et l'enrichissement et l'intensification de la vie (« afin que vous ayez la vie plus abondamment ») ; mais les apôtres, tels que décrits dans les Actes, ne prennent part à la lutte qu'en tant que persécuteurs et injurieux. À ce jour, lorsque leurs successeurs prennent le dessus, comme à Genève (la « ville parfaite du Christ » selon Knox) et en Écosse et en Ulster, toute activité spirituelle, à l'exception de gagner de l'argent et de fréquenter l'église, est éradiquée ; les hérétiques sont impitoyablement persécutés ; et les plaisirs que l'argent peut acheter sont supprimés, de sorte que ceux qui les possèdent sont obligés de continuer à gagner de l'argent parce qu'il n'y a rien d'autre à faire. Et la compensation pour toutes ces privations est en partie une vanité insensée d'être l'élu de Dieu, avec un siège réservé au ciel, et en partie, puisque même l'idiot le plus entiché ne peut pas passer sa vie à s'admirer, l'excitation moins innocente de punir les autres. pour ne pas l'admirer, et pour repérer les péchés des gens qui, étant assez intelligents pour être incapables d'une simple pharisaïsme ennuyeux, et très sensibles à la beauté et à l'intérêt des œuvres réelles du Saint-Esprit, essaient de vivre des vies plus rationnelles et plus abondantes. L'abominable amusement consistant à terroriser les enfants en les menaçant de l'enfer est un autre de ces divertissements, et peut-être le plus ignoble et le plus malicieux d'entre eux. Le résultat net est que les imitateurs des apôtres, qu'ils soient appelés par dérision Holy Willies ou Stigginses , ou, par admiration, puritains ou saints, sont, en dehors de leurs propres congrégations, et dans une large mesure à l'intérieur de celles-ci, profondément détestés. Aujourd'hui, personne ne déteste Jésus, même si beaucoup de ceux qui ont été tourmentés en son nom dans leur enfance l'incluent dans leur haine générale pour tout ce qui touche au mot religion ; tandis que d'autres, qui ne le connaissent que sous une fausse représentation comme un pacifiste sentimental et un ascète, l'incluent dans leur aversion générale pour ce type de personnage. De la même manière, un étudiant qui a dû « apprendre » Shakespeare comme matière universitaire peut détester Shakespear ; et les gens qui n'aiment pas le théâtre peuvent inclure Molière dans cette aversion sans avoir jamais lu un de ses vers ni assisté à une de ses pièces ; mais personne ayant une quelconque connaissance de Shakespeare ou de Molière ne pourrait les détester, ou lire sans pitié et horreur une description d'eux insultés, torturés et tués. Et c'est la même chose pour Jésus. Mais il faut un effort de conscience des plus acharnés pour s'abstenir de crier « Servez-le bien » lorsque nous lisons l'histoire de la lapidation d'Étienne ; et personne ne s'est jamais soucié du martyre de Pierre : bien des hommes meilleurs sont morts de pires morts : par exemple, l'honnête Hugh Latimer, que nous avons brûlé, valait cinquante Stephens et une douzaine de Peters. On sent enfin que lorsque Jésus a appelé Pierre de son bateau, il a gâté un honnête pêcheur et n'a rien fait de mieux de ce naufrage qu'un marchand de salut.

LES CONTROVERSES SUR LE BAPTÊME ET LA TRANSUBSTANTIATION.

Pendant ce temps, l'effet inévitable de l'abandon des doctrines particulières de Jésus et du retour à Jean-Baptiste était de rendre beaucoup plus facile la conversion des Gentils que celle des Juifs ; et c'est en suivant la ligne de moindre résistance que Paul devint l'apôtre des Gentils. Les Juifs avaient leur propre rite d'initiation : le rite de la circoncision ; et ils en étaient farouchement jaloux, parce que cela les marquait comme le peuple élu de Dieu et les distinguait des Gentils, qui étaient simplement les incirconcis . Lorsque Paul, constatant que le baptême était beaucoup plus rapide parmi les Gentils que parmi les Juifs, car il leur permettait de plaider qu'eux aussi étaient sanctifiés par un rite d'autorité plus tardive et plus élevée que le rite mosaïque, il fut obligé d'admettre que la circoncision n'avait pas d'effet. matière; et cela, pour les Juifs, était un blasphème intolérable. Pour les Gentils comme nous, une grande partie de l'épître aux Romains est maintenant fastidieuse, au point d'être illisible, car elle consiste en une tentative désespérée de Paul d'échapper à la conclusion selon laquelle si un homme était baptisé, peu importe qu'il soit circoncis ou non . . Paul revendique la circoncision comme une excellente chose à sa manière pour un Juif ; mais si cela n'a aucune efficacité pour le salut, et si le salut est la seule chose nécessaire — et Paul s'est engagé dans les deux propositions — ses demandes d'atténuation n'ont fait que rendre les Juifs plus déterminés à le lapider.

Ainsi, dès le début du christianisme apostolique, il a été entravé par un débat sur la question de savoir si le salut devait être obtenu par une opération chirurgicale ou par un aspersion d'eau : de simples rites dans lesquels Jésus n'aurait pas perdu vingt mots. Plus tard, lorsque la nouvelle secte conquit l'Occident païen, où la dispute n'avait aucune application pratique, l'autre cérémonie, celle de manger le dieu, produisit une dispute encore plus désastreuse, dans laquelle une différence de croyance, non quant à l'obligation de effectuer la cérémonie, mais quant à savoir s'il s'agissait d'une ingestion symbolique ou réelle de substance divine, cela a produit la persécution, le massacre, la haine et tout ce que Jésus détestait, à une échelle monstrueuse.

Mais bien avant cela, les superstitions qui s'étaient attachées à la nouvelle foi avaient semé le trouble. La naissance parthénogénétique du Christ, assez simple au début comme un miracle populaire, n'a pas été laissée aussi simple par les théologiens. Ils commencèrent à se demander quelle substance le Christ avait été créé dans le sein de la vierge. Lorsque la Trinité a été ajoutée à la foi, la question s'est posée : la vierge était-elle la mère de Dieu ou seulement la mère de Jésus ? Des schismes ariens et des schismes nestoriens surgirent sur ces questions ; et les chefs des agitations qui en résultèrent se déposèrent avec rancune et s'excommunièrent les uns les autres selon leur chance d'enrôler les empereurs à leurs côtés. Au IVe siècle, ils commencèrent à se brûler les uns les autres pour divergences d'opinions sur de telles questions. Au VIIIe siècle, Charlemagne rendit le christianisme obligatoire en tuant ceux qui refusaient de l'embrasser ; et bien que cela ait mis fin au caractère volontaire de la conversion, Charlemagne peut prétendre être le premier chrétien à mettre à mort les hommes pour un point de doctrine vraiment important. Depuis son époque, l'histoire de la controverse chrétienne pue le sang et le feu, la torture et la guerre. Les Croisades, les persécutions à Albi et ailleurs, l'Inquisition, les « guerres de religion » qui suivirent la Réforme, tout se présentait comme un phénomène chrétien ; mais qui peut douter qu'ils n'auraient été répudiés avec horreur par Jésus ? Notre propre idée selon laquelle le massacre de Saint-Barthélemy était un outrage au christianisme, alors que les campagnes de Gustave Adolphe, et même de Frédéric le Grand, en étaient une défense, est aussi absurde que l'idée opposée selon laquelle Frédéric était l'Antéchrist et Torquemada et Ignatius Loyola hommes selon le cœur même de Jésus. Ni eux ni leurs exploits n'avaient rien à voir avec lui. Il est probable que l'archevêque Laud et John Wesley moururent également persuadés que celui au nom duquel ils s'étaient rendus célèbres sur terre les recevrait au ciel à bras ouverts. Le pauvre Fox le Quaker aurait eu dix fois plus de chance ; et pourtant Fox menait une vie plutôt misérable.

Néanmoins toutes ces perversions de la doctrine de Jésus tiraient leur force morale de son crédit et devaient ainsi maintenir son évangile vivant. Lorsque les protestants traduisirent la Bible dans la langue vernaculaire et la diffusèrent parmi le peuple, ils commettèrent une chose extrêmement dangereuse, comme le prouvent les méfaits qui suivirent ; mais incidemment, ils ont laissé échapper les paroles de Jésus en concurrence ouverte avec les paroles de Paul et Koheleth et David et Salomon et les auteurs de Job et du Pentateuque ; et, comme nous l'avons vu, Jésus semble être le nom gagnant. La contradiction flagrante entre son enseignement et la pratique de tous les États et de toutes les Églises n'est plus cachée. Et il se peut que, bien que dix-neuf siècles se soient écoulés depuis la naissance de Jésus (la date de sa naissance est maintenant curieusement donnée comme 7 avant JC, bien que certains prétendent qu'il s'agit de 100 avant JC), et bien que son Église n'ait pas encore été fondée ni son système politique essayé , la faillite de tous les autres systèmes, vérifiée par nos statistiques de l'état civil, qui nous donnent un test final pour tous les systèmes politiques, nous pousse à l'accepter, non pas comme un bouc émissaire, mais comme quelqu'un qui était bien moins idiot dans questions pratiques que nous n'avons tous pensé jusqu'à présent à lui.

Les Christs alternatifs.

Clarifions maintenant un peu la situation. Le Nouveau Testament raconte deux histoires pour deux types de lecteurs différents. L'une est la vieille histoire de l'accomplissement de notre salut par le sacrifice et l'expiation d'un personnage divin qui fut sauvagement tué et ressuscita le troisième jour : l'histoire telle qu'elle fut acceptée par les apôtres. Et dans cette histoire, les opinions politiques, économiques et morales du Christ n'ont aucune importance : l'expiation est tout ; et nous sommes sauvés par notre foi en elle, et non par des œuvres ou des opinions (autres que cette opinion particulière) basées sur des questions pratiques.

L'autre est l'histoire d'un prophète qui, après avoir exprimé plusieurs opinions très intéressantes sur la conduite pratique, tant personnelle que politique, qui sont maintenant d'une importance urgente, et avoir demandé à ses disciples de les mettre en pratique dans leur vie quotidienne, a perdu la tête ; se croyait une forme grossière et légendaire de Dieu ; et sous cette illusion, il a été courtisé et a subi une exécution cruelle dans la conviction qu'il ressusciterait des morts et viendrait dans la gloire pour régner sur un monde régénéré. Sous cette forme, les opinions politiques, économiques et morales de Jésus, en tant que guides de conduite, sont intéressantes et importantes : le reste n'est que psychopathie et superstition. Les récits de la résurrection, de la naissance parthénogénétique et des miracles les plus incroyables sont rejetés comme des inventions ; et des épisodes tels que la conversation avec le diable sont classés avec des conversations similaires enregistrées par St. Dunstan, Luther, Bunyan, Swedenborg et Blake.

CRÉDULITÉ AUCUN CRITÈRE.

Cette acceptation et ce rejet arbitraires de certaines parties de l'Évangile ne sont pas propres au point de vue laïc. Nous avons vu Luc et Jean rejeter sans cérémonie le récit de Matthieu sur le massacre des innocents et la fuite en Égypte. L'idée selon laquelle le manuscrit de Matthieu est un récit littéral et infaillible de faits, non sujet aux erreurs qui assaillent tous les chroniqueurs terrestres, aurait fait regarder Jean, étant donné qu'il s'agit d'une fantaisie relativement moderne de personnes intellectuellement non formées qui gardent la Bible sur le même point. étagère, avec le Livre du Destin de Napoléon, l'Almanach du vieux Moore et des manuels d'herboristerie thérapeutique. Vous êtes peut-être un salutiste fanatique et rejetez plus d'histoires de miracles que ne l'a fait Huxley ; et vous pouvez entièrement répudier Jésus comme Sauveur et pourtant le citer comme témoin historique de la possession par les hommes des pouvoirs thaumaturgiques les plus merveilleux . "Christ Scientist" et Jésus le Mahatma sont prêchés par des gens que Pierre aurait frappés à mort comme étant de pires infidèles que Simon Magus ; et l'Expiation ; est prêché par des pasteurs baptistes et congrégationalistes dont les vues sur les miracles sont celles d'Ingersoll et de Bradlaugh . Luther, qui a fait table rase de tous les saints avec leurs millions de miracles et a réduit la Sainte Vierge elle-même à l'état d'idole, a concentré le salutisme à un point tel que le meurtrier le plus exécutable qui y croit quand la corde est autour de lui cou, vole droit vers les bras de Jésus, tandis que Tom Paine et Shelley tombent dans le gouffre sans fond pour y brûler pour l'éternité. Et des physiciens sceptiques comme Sir William Crookes démontrent par des expériences en laboratoire que des « médiums » comme Douglas Home peuvent faire tourner l'aiguille d'un balancier à ressort sans toucher au poids qui y est suspendu.

CROYANCE EN L'IMMORTALITÉ PERSONNELLE AUCUN CRITÈRE.

La croyance en l'immortalité individuelle ne constitue pas non plus un critère. Les théosophes, rejetant si sévèrement l'expiation indirecte qu'ils insistent sur le fait que le plus petit de nos péchés entraîne son Karma, insistent également sur l'immortalité individuelle et la métempsycose afin de fournir un champ illimité au Karma pour que le pécheur non racheté puisse l'exprimer. La croyance en la prolongation de la vie individuelle au-delà de la tombe est bien plus réelle et vivante parmi les spiritualistes qui rappent sur table que parmi les chrétiens conventionnels. L'idée selon laquelle ceux qui rejettent le projet chrétien (ou tout autre) de salut par expiation doivent également rejeter la croyance en l'immortalité personnelle et aux miracles est aussi sans fondement que l'idée selon laquelle si un homme est athée, il volera votre montre .

Je pourrais multiplier ces cas jusqu'à la lassitude. La principale différence qui a frappé Gladstone et Huxley n'est pas celle entre la croyance en des personnes surnaturelles ou en des événements miraculeux et la vision la plus sévère d'une telle croyance comme une violation de l'intégrité intellectuelle : c'est la différence entre la croyance en l'efficacité de la crucifixion en tant que moyen. remède infaillible contre la culpabilité, et une incapacité congénitale à croire cela, ou (la même chose) à désirer y croire.

LA VUE Laïque NATURELLE, NON RATIONNELLE, DONC INÉVITABLE.

Il faut donc considérer comme un fait moderne et fondamental, que cela nous plaise ou non, que si beaucoup d'entre nous ne peuvent pas croire que Jésus a pris sa curieuse emprise sur nos âmes par simple sentimentalité, nous ne pouvons pas non plus croire qu'il était John Barleycorn. D'autant plus notre raison et notre étude nous amènent à croire que Jésus parlait avec le bon sens le plus pénétrant lorsqu'il prêchait le communisme ; lorsqu'il déclara que la réalité derrière la croyance populaire en Dieu était un esprit créateur en nous, appelé par lui le Père Céleste et par nous Evolution, Elan Vital, Force de Vie et d'autres noms ; lorsqu'il a protesté contre les prétentions du mariage et de la famille à s'approprier cette grande partie de notre énergie qui était destinée au service de son Père, il nous devient d'autant plus impossible de croire qu'il parlait tout aussi de bon sens lorsqu'il a si soudainement annoncé qu'il était lui-même un Dieu concret et visible ; que sa chair et son sang sont devenus pour nous une nourriture miraculeuse ; qu'il devait être torturé et tué de la manière traditionnelle et qu'il ressusciterait après trois jours ; et qu'à sa seconde venue, les étoiles tomberaient du ciel et qu'il deviendrait roi d'un paradis terrestre. Mais il est facile et raisonnable de croire qu'un prédicateur surmené est finalement devenu fou comme Swift, Ruskin et Nietzsche sont devenus fous. Chaque asile abrite un patient souffrant de l'illusion qu'il est un dieu, mais par ailleurs assez sain d'esprit. Ces patients ne déclarent plus aujourd'hui qu'ils seront tués de manière barbare et qu'ils ressusciteront d'entre les morts, parce qu'ils ont perdu cette tradition de la destinée de la divinité ; mais ils revendiquent tout ce qui relève de la divinité et qui relève de leur connaissance.

Ainsi, les évangiles en tant que mémoires et déclarations suggestives de doctrine sociologique et biologique, très pertinents pour la civilisation moderne, bien que se terminant par l'histoire d'une illusion psychopathique , sont tout à fait crédibles, intelligibles et intéressants pour les penseurs modernes. Sous tout autre angle, ils ne sont ni crédibles, ni intelligibles, ni intéressants, sauf pour les personnes à qui l'illusion s'impose.

"LA CRITIQUE SUPÉRIEURE."

La recherche historique et la critique paléographique continueront sans aucun doute à démontrer que le Nouveau Testament, comme l'Ancien, raconte rarement une seule histoire ou expose une seule doctrine, et nous donne souvent une accumulation et un conglomérat de traditions et de doctrines largement distinctes, voire sans rapport. Mais ces désintégrations, bien que techniquement intéressantes pour les érudits, et gratifiantes ou exaspérantes, selon le cas, pour ceux qui ne font que défendre ou attaquer les fortifications de papier de l'infaillibilité de la Bible, n'ont pratiquement rien à voir avec le but de ces pages. . J'ai mentionné le fait que la plupart des autorités sont désormais d'accord (pour le moment) pour situer la date de naissance de Jésus vers 7 avant JC ; mais ils ne datent donc pas leurs lettres de 1923 et, je présume, ils ne s'attendent pas à ce que je le fasse. Ce dans quoi je m'engage est une critique (au sens kantien) d'un ensemble de croyances établies qui sont devenues une partie réelle du tissu mental de mes lecteurs ; et je serais le plus exaspérant des frivoles et des pédants si je devais m'aventurer dans une critique de quelque autre croyance ou non-croyance que mes lecteurs pourraient professer s'ils étaient des paléographes et des historiens érudits des Écritures, auquel cas, d'ailleurs, ils devraient changer d'avis si fréquemment que l'Évangile qu'ils ont reçu dans leur enfance les dominerait après tout par sa persistance supérieure. Le chaos des simples faits dans lesquels le Sermon sur la Montagne et l'Ode à la Charité ne suggèrent que des disputes sur le point de savoir s'il s'agit ou non d'interpolations, dans lesquels Jésus n'est plus qu'un nom soupçonné d'appartenir à dix prophètes ou exécutés différents, dans lequel Paul n'est que l'homme qui n'aurait pas pu écrire les épîtres qui lui sont attribuées, dans lesquelles des sages chinois, des philosophes grecs, des auteurs latins et des auteurs d'anciennes inscriptions anonymes nous sont jetés à la tête comme étant les sources de tel ou tel fragment de l'histoire. Bible, n'est ni une religion ni une critique de la religion : on n'évoque pas le fait qu'une grande partie du bâtiment médiéval de la cathédrale de Peterborough ait été jugée comme étant de la construction flagrante, comme une critique des sermons du doyen. Pour le bien ou le mal, nous avons fait une synthèse de la littérature que nous appelons la Bible ; et bien que la découverte qu'il y a beaucoup de constructions bidon dans la Bible soit intéressante à sa manière, parce que tout dans la Bible est intéressant, elle ne modifie pas la synthèse de manière très matérielle, même pour les paléographes, et ne la modifie pas du tout. tout cela pour ceux qui n'en savent pas plus sur la paléographie moderne que l'archevêque Ussher. J'ai donc indiqué à peine plus de découvertes que ce que l'archevêque Ussher aurait pu deviner lui-même s'il avait lu la Bible sans préjugés.

Pour le reste, j'ai pris la synthèse telle qu'elle vit et agit réellement chez l'homme. Après tout, une synthèse est ce que vous voulez : c'est le cas que vous devez juger ramené à un problème compréhensible pour vous. Même si vous n'avez guère plus de respect pour la biographie synthétique que pour le caoutchouc synthétique, le lait synthétique et le protoplasme synthétique encore inachevé qui doit nous permettre de fabriquer différentes sortes d'hommes comme un pâtissier fait différentes sortes de tartes, le problème pratique reste entier. aussi clairement devant vous que devant les adeptes les plus crédules de ce qui pontifie comme la Haute Critique.

Les périls du salutisme.

La vision laïque de Jésus est puissamment renforcée par l'augmentation, de nos jours, du nombre de personnes qui ont eu les moyens de s'éduquer et de se former au point de ne pas avoir peur de regarder les faits en face, même des faits aussi terrifiants que le péché et la mort. Le résultat est une plus grande sévérité dans la pensée moderne. La conviction se répand qu'encourager un homme à croire que, même si ses péchés sont aussi écarlates, il peut devenir plus blanc que la neige par un facile exercice d'orgueil, c'est l'encourager à être un coquin. Cela ne fonctionnait pas si mal quand on pouvait aussi lui assurer en toute conscience que s'il se laissait surprendre par la mort en matière de foi, un enfer brûlant le rôtirait vivant pour l'éternité. A cette époque, une mort subite, la plus enviable de toutes, était considérée comme la calamité la plus effroyable. Dans nos prières, cela a été classé avec la peste, la famine, la bataille et le meurtre. Mais la croyance en cet enfer est en train de disparaître. Tous les leaders de la pensée l'ont perdu ; et même pour la base, il a fui vers les régions de l'Irlande et de l'Écosse qui sont encore au XVIIe siècle. Même là, c'est tacitement réservé à l'autre.

L'IMPORTANCE DE L'ENFER DANS LE SCHÉMA DE SALUT.

La gravité de renverser l'enfer tout en s'accrochant à l'Expiation est évidente. S'il n'y a pas de punition pour le péché, il ne peut y avoir de pardon pour celui-ci. Si le Christ a payé notre compte, et s'il n'y a pas d'enfer et donc aucune chance que nous ayons des ennuis en oubliant notre obligation, alors nous pouvons être aussi méchants que nous le souhaitons en toute impunité dans le cadre de la loi laïque, même par auto-reproche, ce qui devient simple ingratitude envers le Sauveur. D'un autre côté, si le Christ n'a pas payé notre compte, il reste contre nous ; et de telles dettes nous mettent extrêmement mal à l'aise. La pulsion de l'évolution, que nous appelons conscience et honneur, s'empare de ces erreurs et nous fait honte d'être si bas dans l'échelle que nous en sommes capables. Le voleur « sauvé » éprouve un bonheur extatique que l'honnête athée ne pourra jamais atteindre : il est tenté de voler à nouveau pour répéter la sensation glorieuse. Mais si l'athée vole, il n'a pas ce bonheur. C'est un voleur et il sait qu'il est un voleur. Rien ne peut effacer cela de lui. Il peut essayer d'apaiser sa honte par une sorte de restitution ou un acte de bienveillance équivalent ; mais cela ne change rien au fait qu'il a effectivement volé ; et sa conscience ne sera pas facile jusqu'à ce qu'il ait vaincu sa volonté de voler et se soit transformé en un honnête homme en développant en lui cette étincelle divine sur laquelle Jésus a insisté comme la réalité quotidienne de ce que nie l'athée.

Or, même si l'état des croyants à l'expiation peut ainsi être le plus heureux, il n'est certainement pas plus souhaitable du point de vue de la communauté. Le fait qu'un croyant soit plus heureux qu'un sceptique n'est pas plus pertinent que le fait qu'un homme ivre soit plus heureux qu'un homme sobre. Le bonheur de la crédibilité est une qualité de bonheur bon marché et dangereuse, et en aucun cas une nécessité de la vie. La question de savoir si Socrate a tiré autant de bonheur de la vie que Wesley est sans réponse ; mais une nation de Socrate serait beaucoup plus en sécurité et plus heureuse qu'une nation de Wesley ; et ses individus seraient plus élevés dans l'échelle évolutive. En tout état de cause, c'est dans l'homme socratique et non dans l'homme wesleyen que réside désormais notre espoir.

LE DROIT DE REFUSER L'EXPIATION.

Par conséquent, même s'il était mentalement possible pour nous tous de croire à l'Expiation, nous devrions nous en débarrasser, comme nous avons évidemment le droit de le faire. Tout homme à qui le salut est offert a un droit naturel inaliénable de dire « Non, merci : je préfère conserver ma pleine responsabilité morale : il n'est pas bon pour moi de pouvoir charger un bouc émissaire de mes péchés : je devrais être moins "Faites attention à la façon dont je les ai commis si je savais qu'ils ne me coûteraient rien." Et puis il y a aussi l'attitude d'Ibsen : ce moraliste de fer pour qui tout le projet de salut n'était qu'une tentative ignorante de tromper Dieu ; entrer au paradis sans en payer le prix. Se laisser aller, mendier et accepter la vie éternelle comme cadeau au lieu de la gagner, serait déjà assez mesquin, même si nous acceptions le mépris de la Puissance sur la pitié de laquelle nous échangeons ; mais aussi pour marchander une couronne de gloire ! c'en était trop pour Ibsen : cela le poussait à s'exclamer : « Votre Dieu est un vieil homme que vous trompez » et à faire revivre la conscience endormie du XIXe siècle à coup de fouet de scorpions.

L'ENSEIGNEMENT DU CHRISTIANISME.

Et là, je dois laisser la question au choix que votre nature vous permet. L'honnête enseignant qui doit faire connaître à un novice les faits concernant le christianisme ne peut, à aucun égard essentiel, présenter les faits autrement que je les ai présentés. Si l'on veut délivrer les enfants de l'athée prosélyte d'une part, de la religieuse prosélytique de l'école du couvent d'autre part , et de tous les autres prosélytes qui se trouvent entre eux, il ne faut pas les accabler de vaines controverses sur l'existence ou non de l'athée prosélyte. qu'il s'agisse d'une personne comme Jésus ou non. Quand Hume dit que les campagnes de Josué étaient impossibles, Whately ne polémique pas là-dessus : il prouve, dans le même sens, que les campagnes de Napoléon étaient impossibles. Seuls les personnages fictifs résisteront au genre d'examen de Hume : rien ne rendra jamais Édouard le Confesseur et Saint Louis aussi réels pour nous que Don Quichotte et M. Pickwick. Nous devons couper court à la controverse en déclarant qu'il existe les mêmes preuves de l'existence de Jésus que de celle de toute autre personne de son temps ; et le fait que vous ne croyez pas tout ce que Matthieu vous dit ne réfute pas plus l'existence de Jésus que le fait que vous ne croyez pas tout ce que Macaulay vous dit ne réfute pas l'existence de Guillaume III. Les récits évangéliques pour l'essentiel vous donnent une biographie tout à fait crédible et responsable sur des bases purement laïques lorsque vous avez éliminé tout ce que Hume ou Grimm ou Rousseau ou Huxley ou n'importe quel évêque moderne pourrait rejeter comme fantaisiste. Sans aller plus loin, vous pouvez devenir un disciple de Jésus tout comme vous pouvez devenir un disciple de Confucius ou de Lao Tseu , et pouvez donc vous appeler jésuiste , voire chrétien, si vous le croyez, comme le peut légitimement le plus strict des laïcs. , que tous les prophètes sont inspirés, et tous les hommes chargés d'une mission, chrétiens.

L'enseignant du christianisme doit alors faire connaître à l'enfant, d'abord, le chant de John Barleycorn, avec les champs et les saisons comme témoins de sa vérité éternelle. Puis, à mesure que l'esprit de l'enfant mûrit, il peut apprendre, en tant que phénomènes historiques et psychologiques, la tradition du bouc émissaire, du Rédempteur, de l'Expiation, de la Résurrection, de la Seconde Venue et comment, dans un monde saturé de cette tradition, Jésus a été largement accepté comme le Rédempteur attendu depuis longtemps et souvent prophétisé, le Messie, le Christ. Il est également loisible à l'enfant de l'accepter. Si l'enfant est bâti comme Gladstone, il acceptera Jésus comme son Sauveur, et Pierre et Jean-Baptiste comme révélateur et précurseur du Sauveur respectivement. S'il est bâti comme Huxley, il adoptera un point de vue laïc, malgré tout ce qu'une famille pieuse peut faire pour l'en empêcher. L'important maintenant est que les Gladstone et les Huxley ne perdent plus leur temps à se disputer de manière absurde et ridicule au sujet des porcs de Gadarene, et qu'ils se décident quant à la solidité des doctrines laïques de Jésus ; car c'est à propos de cela qu'ils pourront en venir aux mains à notre époque.

LE CHRISTIANISME ET L'EMPIRE.

Enfin, demandons-nous pourquoi les vieilles superstitions ont si soudainement perdu contenance alors que, bien que, au grand déshonneur des dirigeants et des dirigeants de la nation, les lois par lesquelles les persécuteurs peuvent détruire ou bâillonner toute liberté de pensée et d'expression dans ces domaines soient toujours non abrogée et prête à la main de nos fanatiques et de nos fanatiques (tout récemment, un respectable commerçant a été reconnu coupable de « blasphème » pour avoir déclaré que si une jeune fille moderne expliquait une grossesse illicite en disant qu'elle avait conçu du Saint-Esprit, nous devrions savoir ce que penser (une remarque qui ne lui serait jamais venue à l'esprit s'il avait appris correctement comment l'histoire a été greffée sur l'Évangile), et pourtant, d'une manière ou d'une autre, ils ne sont utilisés que contre les pauvres, et cela seulement sans enthousiasme. Si l'on considère que depuis le moment où le premier érudit s'est aventuré à murmurer, comme secret professionnel, que le Pentateuque ne pouvait pas avoir été écrit par Moïse jusqu'au moment, d'après mes propres souvenirs, où l'évêque Colenso, pour avoir dit ouvertement la même chose, a été empêché de prêchant et effectivement excommunié, huit siècles se sont écoulés (le point en question, bien que techniquement intéressant pour les paléographes et les historiens, n'a pas plus d'incidence sur le bien-être humain que la controverse quant à savoir si l'onciale ou la cursive est la forme d'écriture la plus ancienne) ; Pourtant, aujourd'hui, cinquante ans après l'hérésie de Colenso, il n'existe aucun homme d'Église d'une quelconque autorité, ni aucun laïc instruit, qui puisse sans ridicule déclarer que Moïse a écrit le Pentateuque comme Pascal a écrit ses Pensées ou d'Aubigny son Histoire de la Réforme . ou que saint Jérôme a écrit le passage sur les trois témoins dans la Vulgate, ou qu'il y a moins de trois récits différents de la création mélangés dans le livre de la Genèse. Or, les progressistes les plus fous prétendront difficilement que notre croissance en sagesse et en libéralité a été plus grande au cours du dernier demi-siècle qu'au cours des seize demi-siècles précédents : en fait, il serait plus facile de soutenir la thèse selon laquelle les cinquante dernières années ont été témoins d'une réaction distincte de la part de la population. Du libéralisme victorien au collectivisme qui a sensiblement renforcé les Églises d'État. Il n'en demeure pas moins que, alors que Cain de Byron, publié il y a un siècle, constitue un cas de référence sur le fait qu'il n'y a pas de droit d'auteur sur un livre blasphématoire, l'Armée du Salut pourrait désormais l'inclure parmi ses publications sans choquer personne.

Je suggère que les causes qui ont produit cette soudaine clarification de l'air comprennent la transformation de nombreux États modernes, notamment la vieille République française autonome et la petite île étroite de Grande-Bretagne, en empires qui dépassent les frontières de toutes les Églises. En Inde, par exemple, il y a moins de quatre millions de chrétiens sur une population de trois cent seize millions et demi. Le roi d'Angleterre est le défenseur de la foi ; mais quelle foi est désormais LA foi ? Les habitants de cette île auraient, dans la mémoire des personnes encore vivantes, affirmé que leur foi est sûrement la foi de Dieu et que toutes les autres sont païennes. Mais nous, les insulaires, ne sommes que quarante-cinq millions ; et si nous nous considérons tous comme chrétiens, il y a encore soixante-dix-sept millions et quart de mahométans dans l'Empire. Ajoutez à cela les hindous et les bouddhistes, les sikhs et les jaïns, que l'on m'a appris dans mon enfance, par voie d'instruction religieuse, à considérer comme de grands idolâtres voués à la perdition éternelle, mais dont je peux maintenant être puni pour avoir dénigré la foi par un mot provocateur. , et vous avez un total de plus de trois cent quarante-deux millions et quart d'hérétiques pour submerger nos quarante-cinq millions de Britanniques, dont, soit dit en passant, seulement six mille se disent distinctement « disciples du Christ », le reste étant les membres de l'Église d'Angleterre et d'autres dénominations dont le statut de disciple est affirmé avec moins d'insistance. En bref, l'Anglais d'aujourd'hui, au lieu d'être, comme ses ancêtres dont il s'accroche aux idées, un sujet d'un État pratiquement entièrement chrétien, est maintenant entassé, et même considérablement surpeuplé, dans un coin d'un Empire dans lequel les chrétiens sont seulement onze pour cent de la population ; de sorte que le non-conformiste qui permet que son porte-parapluie soit vendu plutôt que de payer des cotisations pour soutenir une école de l'Église d'Angleterre, se retrouve à payer des impôts non seulement pour doter l'Église de Rome à Malte, mais pour envoyer des chrétiens en prison pour la blasphème de proposer des Bibles à la vente dans les rues de Khartoum. Tournons-nous vers la France, un pays dix fois plus insulaire dans sa préoccupation pour sa propre langue, sa propre histoire, son propre caractère, que nous, qui avons toujours été des explorateurs, des colonisateurs et des râleurs. Cette nation autrefois égocentrique compte quarante millions d'habitants. La population totale de la République française est d'environ cent quatorze millions d'habitants . Les Français ne font pas partie de notre désespérée minorité chrétienne de onze pour cent ; mais ils sont en minorité de trente-cinq pour cent, ce qui est assez concluant. Et, étant un peuple plus logique que nous, ils ont officiellement abandonné le christianisme et déclaré que l'État français n'a pas de religion spécifique.

L'État britannique non plus, même s'il ne le dit pas. Il ne fait aucun doute qu'il y a beaucoup d'innocents en Angleterre qui partagent le point de vue de Charlemagne et qui offriraient, bien entendu, à nos quatre-vingt-neuf pour cent de « païens, j'ai le regret de le dire », l'alternative entre la mort ou le christianisme, si ce n'était pour une vague impression. que ces perdus sont tous convertis progressivement par les missionnaires. Mais aucun homme d'État ne peut nourrir des illusions aussi ridiculement paroissiales. Aucun roi anglais ou président français ne peut gouverner en supposant que la théologie de Pierre et Paul, Luther et Calvin a une quelconque validité objective, ou que le Christ est plus que le Bouddha, ou Jéhovah plus que Krishna, ou Jésus plus ou moins. plus humain que Mahomet, Zoroastre ou Confucius. Il est en fait obligé, dans la mesure où il légifère contre le blasphème, de traiter toutes les religions, y compris le christianisme, comme blasphématoires, lorsqu'elles sont présentées devant des gens qui n'y sont pas habitués et qui n'en veulent pas. Et même cela est une concession à une intolérance malfaisante qu'un empire devrait utiliser son contrôle sur l'éducation pour éradiquer.

D'un autre côté, les gouvernements ne peuvent pas vraiment se dépouiller de la religion, ni même du dogme. Quand Jésus disait que les gens devraient non seulement vivre mais vivre plus abondamment, il dogmatisait ; et de nombreux sages pessimistes, dont Shakespeare , dont le héros suppliait son ami de s'abstenir de se suicider dans les mots « Je t'absente du bonheur pour un moment », diraient dogmatisants de manière très pernicieuse. En effet, de nombreux prédicateurs et saints déclarent, certains d'entre eux au nom de Jésus lui-même, que ce monde est une vallée de larmes et que nos vies feraient mieux de se passer dans la tristesse et même dans les tourments, en guise de préparation à une vie meilleure à venir. . Mettez ces gens tristes à l'aise ; et ils vous déroutent en mettant des cilices. Néanmoins, les gouvernements doivent partir d'hypothèses dogmatiques, qu'ils les appellent dogmes ou non ; et il doit clairement s'agir d'hypothèses suffisamment courantes pour qualifier ceux qui les rejettent d'excentriques ou de fous. Et plus la population est nombreuse et hétérogène, plus les hypothèses doivent être communes. Un monastère trappiste peut être mené sur la base d'hypothèses qui provoqueraient en vingt-quatre heures l'insurrection du village à ses portes. C'est parce que le monastère sélectionne ses gens ; et si un trappiste ne l' aime pas , il peut le quitter. Mais un sujet de l'Empire britannique ou de la République française n'est pas choisi ; et s'il ne l' aime pas , il doit le regrouper ; car l'émigration n'est praticable que dans des limites étroites et constitue rarement un remède efficace, toutes les civilisations étant aujourd'hui très semblables. Pour quiconque est capable de comprendre le gouvernement, il doit être évident, sans aucun doute, que l'ensemble des hypothèses fondamentales formulées dans les trente-neuf articles ou dans la Confession de Westminster sont tout à fait impossibles en tant que constitutions politiques pour les empires modernes. Leur profession personnelle par toute personne disposée à prendre ces professions au sérieux le disqualifierait pratiquement pour de hautes fonctions impériales. Un vice-roi calviniste de l'Inde et un secrétaire d'État baptiste aux Affaires étrangères détruiraient l'empire. Les Stuarts détruisirent même la petite île étroite qui était le noyau de l'empire grâce à leur logique écossaise et leur dogme théologique ; et on peut soutenir de manière très plausible que la prétendue aptitude des Anglais à se gouverner eux-mêmes, qui est contredite par chaque chapitre de leur histoire, n'est en réalité qu'une inaptitude incurable à la théologie, et même à la pensée coordonnée dans toutes les directions, ce qui les rend également impatients du despotisme systématique et du bon gouvernement systématique : leur histoire étant celle d'un peuple mal gouverné et accidentellement libre (comparativement). Ainsi, notre succès dans la colonisation, dans la mesure où il n'a pas été obtenu par l'extermination des indigènes, est dû à notre indifférence au salut de nos sujets. L'Irlande est l'exception qui confirme la règle ; car l'Irlande, exemple permanent de l'incapacité des Anglais à coloniser sans extermination des indigènes, est également le seul pays sous domination britannique dans lequel les conquérants et les colonisateurs sont partis du principe que leur objectif était d'établir le protestantisme ainsi que de gagner de l'argent. et ainsi assurer au moins la vie des malheureux habitants grâce au travail desquels il pourrait être réalisé. En ce moment, l'Ulster refuse d'accepter la camaraderie avec les autres provinces irlandaises parce que le sud croit en saint Pierre et en Bossuet, et le nord en saint Paul et en Calvin. Imaginez l'effet d'essayer de gouverner l'Inde ou l'Égypte depuis Belfast ou depuis le Vatican !

La situation est peut-être plus grave pour la France que pour l'Angleterre, car parmi les 65 % de sujets français qui ne sont ni français, ni chrétiens, ni modernistes, il y a quelque trente millions de nègres susceptibles, et même très susceptibles, de se convertir à ces formes salutistes. du pseudo-christianisme qui ont produit toutes les persécutions et guerres de religion des quinze cents dernières années. Lorsque le regretté explorateur Sir Henry Stanley m'a parlé de l'emprise émotionnelle que le christianisme avait sur les tribus Baganda et m'a lu leurs lettres, qui étaient exactement comme des lettres médiévales dans leur foi littérale et leur piété omniprésente, j'ai dit : « Ces hommes peuvent-ils manier un fusil ? ?" Ce à quoi Stanley répondit avec un certain mépris : « Bien sûr qu'ils le peuvent, ainsi que n'importe quel homme blanc. » Or, en ce moment (1915), se déroule une vaste guerre européenne dans laquelle les Français utilisent des soldats sénégalais. Je demande au gouvernement français, qui, comme notre propre gouvernement, laisse délibérément l'instruction religieuse de ces nègres entre les mains de missions de catholiques pétriniens et de calvinistes pauliniens, s'il a envisagé la possibilité d'une nouvelle série de croisades, par d'ardents Africains. Salutistes, pour sauver Paris de l'emprise des « infidèles » scientifiques modernes et pour lancer le cri de « Retour aux Apôtres : retour à Charlemagne !

Nous sommes plus chanceux dans la mesure où une écrasante majorité de nos sujets sont des hindous , des mahométans et des bouddhistes : c'est-à-dire qu'ils ont, comme moyen prophylactique contre le christianisme salutiste, leurs propres religions hautement civilisées. Le mahométanisme , que Napoléon à la fin de sa carrière classait peut-être comme la meilleure religion populaire pour un usage politique moderne, aurait pu, à certains égards, apparaître comme un christianisme réformé si Mahomet avait eu affaire à une population de chrétiens du XVIIe siècle au lieu d'Arabes qui pierres adorées. Dans l'état actuel des choses, les hommes ne rejettent pas Mahomet pour Calvin ; et proposer à un hindou une théologie aussi grossière que la nôtre en échange de la sienne, ou notre littérature canonique juive comme une amélioration de l'écriture hindoue, c'est offrir des lampes anciennes aux plus anciennes dans un marché où les lampes les plus anciennes, comme les vieux meubles en Angleterre , sont les plus appréciés.

Pourtant, je le répète, le gouvernement est impossible sans religion : c'est-à-dire sans un ensemble d'hypothèses communes. L'esprit ouvert n'agit jamais : quand nous avons fait tout notre possible pour arriver à une conclusion raisonnable, nous devons quand même, quand nous ne pouvons plus raisonner et enquêter, fermer notre esprit pour le moment en un clin d'œil et agir de manière dogmatique sur nos conclusions. L'homme qui attend de rendre une décision tout à fait raisonnable le fera intestat. Un homme assez raisonnable pour avoir un esprit ouvert sur le vol et le meurtre, ou sur le besoin de nourriture et de reproduction, pourrait tout aussi bien être un imbécile et un scélérat pour toute utilité qu'il pourrait être en tant que législateur ou fonctionnaire d' État . L'homme d'État pseudo-démocrate moderne, qui affirme qu'il n'est au pouvoir que pour exécuter la volonté du peuple et n'agit que lorsque le chat saute, est clairement un brigand politique et intellectuel. Le règne de l'homme négatif qui n'a pas de convictions signifie en pratique le règne de la foule positive. La liberté de conscience, selon l'expression de Cromwell, est une excellente chose ; néanmoins , si quelqu'un avait proposé de donner effet à la liberté de conscience en ce qui concerne le cannibalisme en Angleterre, Cromwell l'aurait mis par les talons presque aussi promptement qu'il l'aurait fait avec un catholique romain, bien qu'à Fidji, au même moment, il aurait soutenu de tout cœur la liberté de conscience d'un végétarien qui dénigre le régime sacré du Long Pig.

C'est là qu'intervient l'importance du rejet par Jésus du prosélytisme. Sa règle « N'arrachez pas l'ivraie : semez le blé : si vous essayez d'arracher l'ivraie, vous arracherez le blé avec elle » est la seule règle possible pour un homme d'État gouvernant un empire moderne, ou pour un électeur soutenant un tel empire. un homme d'État. Il n'y a rien dans l'enseignement de Jésus qui ne puisse être accepté par un brahmane, un mahométan, un bouddhiste ou un juif, sans qu'il soit question de leur conversion au christianisme. D'une certaine manière, il est plus facile de réconcilier un mahométan avec Jésus qu'un pasteur britannique, car l'idée d'un prêtre professionnel est peu familière et même monstrueuse pour un mahométan (le touriste qui persiste à demander qui est le doyen de Sainte-Sophie s'interroge au-delà des mots le sacristain qui lui prête une énorme paire de pantoufles) ; et Jésus n'a jamais suggéré à ses disciples de se séparer des laïcs : il les a ramassés au bord du chemin, là où n'importe quel homme ou femme pouvait le suivre. Pour les prêtres, il n'avait pas un mot civil ; et ils montrèrent leur sentiment d'hostilité en le faisant tuer le plus tôt possible. Bref, c'était un anticlérical convaincu. Et même si, comme nous l'avons vu, ce n'est que par des moyens politiques que sa doctrine peut être mise en pratique, non seulement il n'a jamais suggéré une théocratie sectaire comme forme de gouvernement, et il aurait certainement prophétisé la chute du défunt président Kruger si il avait survécu jusqu'à son époque, mais, lorsqu'il fut mis au défi, il refusa d'enseigner à ses disciples de ne pas rendre hommage à César, admettant que César, qui avait vraisemblablement le royaume des cieux en lui autant que n'importe quel disciple, avait sa place dans le projet. de choses. En effet , les apôtres en ont fait une excuse pour pousser la soumission à l'État jusqu'à un degré d'idolâtrie qui a abouti à la théorie du droit divin des rois, et a incité les hommes à couper la tête des rois pour rétablir un certain sens des proportions en la matière. Jésus ne considérait certainement pas le renversement de l'empire romain ou la substitution d'une nouvelle organisation ecclésiastique à l'Église juive ou au sacerdoce des dieux romains comme faisant partie de son programme. Il a dit que Dieu était meilleur que Mammon ; mais il n'a jamais dit que Tweedledum était meilleur que Tweedledee ; et c'est pourquoi il est désormais possible aux citoyens et aux hommes d'État britanniques de suivre Jésus, bien qu'ils ne puissent suivre ni Tweedledum ni Tweedledee sans faire tomber l'empire avec fracas sur la tête. Et là, je dois le laisser.

LONDRES, décembre 1915.